「コンポジション」
フレンチスタイル・アレンジメント

"Compositions",
arrangement de fleurs à la française

フランス・パリのデザインと色彩で、感動を届ける

斎藤由美
Yumi SAITO

パイ インターナショナル

Prologue

パリの花に惹かれ、導かれ、気づけば、在住20年になろうとしています。日本でフランス語を勉強していったとはいえ、もともと習慣や考え方の違う国での生活は、山あり谷あり。風に揺れる吊り橋を、ドキドキしながら渡ったこともあります。果たしてこのトンネルから抜け出せる日は来るのだろうか、と不安になったことも多々ありました。けれども、それを乗り越える原動力になったのが、パリの花の魅力、背景である街の美しさ、そして住む人の美意識の高さでした。美しいものに彩られた毎日は刺激に満ち、すべてが勉強でした。フランス人のいい加減な部分さえも。

日仏たくさんの方に協力いただいたおかげで、実現までに半年かかりましたが、日本でフラワーアレンジメントの教室をしていた頃から憧れていた、パリのフラワーアーティストのもとで研修できることになりました。今では伝説となっているような花店で、水揚げに始まり、店内ディスプレイ、ホテルやレストランの定期装花、パリ・コレクションなどのイベント装花に携わる機会を得ることができました。その経験を買われ、世界に名立たるホテルの花装飾にも関わることができたのは幸運でした。

本書では、パリのトップフローリストたちの仕事を間近で見て、学び、ようやく体得したデザインやエスプリをあますところなく伝えています。持ち運びしやすく、ギフトから空間演出まで対応できるアレンジメントに、パリのエスプリを加えた「コンポジション」に特化しています。

新しいデザインを求めているフローリスト、花教室を主宰している先生を始め、ウェディングプランナー、空間プロデュースを手がけるデザイナー、広告やヴィジュアルのクリエーター、フラワーアレンジを勉強中の方、パリと花が好きな方々に手に取っていただき、まずはワクワクする昂揚感を、続いてデザインの特徴、大切な花選び、細かいテクニックなどについてお伝えすることができたら、とても嬉しく光栄に思います。

Table des matières

CHAPITRE 1

フランスの「花を贈る」文化と慣習

- 8 　フランスの花贈り文化
- 12 　器を使用して花で構成するコンポジション
- 14 　フランスのバスケットアレンジメントのスタイルとは

CHAPITRE 2

日本のライフスタイルにも合う「コンポジション」

- 20 　フレンチスタイルの「コンポジション」が
　　　ライフスタイルに華やぎを

CHAPITRE 3

季節感を取り込む、「春夏秋冬」のコンポジション

- 32 　「春夏秋冬」の旬を取り込むコンポジション
- 34 　「春」を彩るコンポジション
- 44 　「夏」に輝くコンポジション
- 52 　「秋」に艶めくコンポジション
- 60 　「冬」に煌めくコンポジション

CHAPITRE 4

日常生活のシーンに適した、コンポジションのデザイン

- 68 　さまざまなシーンで取り入れられるコンポジション
- 69 　パリスタイルのおすすめの色合わせ
- 70 　*Acte 1.* ショップの開店祝いや展示会ギフトのコンポジション
- 76 　*Acte 2.* お見舞いやお悔やみのコンポジション
- 82 　*Acte 3.* 結婚や誕生日のお祝いのコンポジション
- 88 　*Acte 4.* 新築や改築のお祝いのコンポジション
- 94 　*Acte 5.* カレンダーの行事やイベントのコンポジション

CHAPITRE **5**

コンポジションを制作するための予備知識

- 98 コンポジションを制作する前に知っておきたいこと
  デザインにおける定義
- 100 コンポジションのスタイル
  A.コンポジション／**B**.コンポジション・スペシャル
- 102 コンポジションに必須の最重要アイテム
  OUTIL 1.土台を作るための道具
  OUTIL 2.カットするハサミ類／**OUTIL 3**.花器とするもの
- 108 コンポジション・スペシャルに必須のアイテム
  OUTIL 1.高さがある器類／**OUTIL 2**.さまざまな資材

CHAPITRE **6**

美しい造形に不可欠な徹底したベース作り

- 114 美しく完璧なベースの作り方を体得すること
  吸水性スポンジの基礎知識
- 115 上手に吸水させるやり方のポイント
- 117 ベースの基本セッティング術
- 120 変形した花器でのベースの作り方

CHAPITRE **7**

コンポジションの基礎から応用、
制作テクニックを学ぶ

- 124 コンポジションの基礎から応用まで、テクニックをマスターする
  基礎をマスターする、組み立てのテクニカルポイント
- 128 コンポジションの基本テクニックをマスターする
  A.ベーシックなコンポジションの制作メソッド
  B.さらにレベルアップさせたコンポジション制作メソッド
- 146 バリエーションとしてのコンポジション
  A.ボリュームのある花を組み合わせる
  B.器に合わせ、四角のフォルムに仕上げる

　　　　　C. 枝や葉の印象で自然さを演出する
　　　　　D. セット組みでバリエーション展開させる
　　162　吸水性スポンジを使用しないコンポジション
　　　　　A. 球根を使用したコンポジション

CHAPITRE **8**

独創的な「コンポジション・スペシャル」のデザイン術

　　172　シャンペトルなエスプリで創造する
　　　　　「コンポジション・スペシャル」
　　　　　「組み合わせ」と「組み立て」は無限のテクニカルメソッド
　　174　コンポジション・スペシャルの制作テクニックをマスターする
　　　　　A. 基本の制作テクニックメソッド／**B.** より大型の制作テクニックメソッド

CHAPITRE **9**

卓花、イベント装花のコンポジション

　　190　「ソントル・ド・ターブル」としての美しいコンポジション
　　　　　パリの三つ星レストランなどのパーティーテーブルから学ぶ
　　191　テーブル上で魅せるコンポジションの制作テクニックを
　　　　　マスターする
　　　　　A. 応用が利くソントル・ド・ターブルの制作メソッド
　　　　　B. キューブ花器の扱い方
　　199　キューブを活用したコンポジション・スペシャルを
　　　　　ソントル・ド・ターブルに

Episode
　112　*#01*　独自のセンスを生み出す「花合わせ」
　201　*#02*　「パリ式」イベント卓花の特徴
　202　*#03*　「個性」を生み出す素材選び
　204　*#04*　花仕事とシャンペトルスタイル
　206　*#05*　「パリスタイル」を学ぶには

CHAPITRE 1

フランスの「花を贈る」文化と慣習

Culture et coutumes françaises pour offrir des fleurs

Culture et coutumes françaises pour offrir des fleurs

フランスの花贈り文化

フランスでは、吸水性スポンジを使用した
フラワーアレンジメントを、「コンポジション」と呼び、
一般的には、「お悔やみの花」として取り入れられています。

フランスにおける「コンポジション」の位置付けは「お悔やみの花」

　パリの花業界に身を置いてから、およそ20年。日本からも見学者が訪れる有名花店や、ホテルの格付けで最高位の「パラス」の称号を与えられたホテルで勤務した間に見たり、自身で制作した「コンポジション」は、ほとんどが「お悔やみの花」でした。日本では、フラワーアレンジメントといえば贈答用に用いるのが一般的ですが、フランスでは葬儀の際、十字架型の吸水性スポンジに花を挿したものやバスケットに花を三角形に挿したものを、教会やお墓に供えるのです。パリの街にある銅像の足下や歩道に、トリコロールの太いリボンがかけられた、長方形やリング型のフラワーアレンジメントを目にしたことがあるかと思います。それが、「コンポジション」です。フランスでは訪問先や記念日に贈る花は、圧倒的にブーケ（花束）です。さまざまな国でそれぞれ文化や慣習があり、それを知っておくことは大切です。その上で、日本のギフト事情やインテリアに即したフラワーデザインに、パリのエスプリを生かしていくことが重要なのです。

枝垂れるつるバラが
優雅さを演出

葉で囲んだ器に吸水性スポンジを入れ、つるバラの流れを生かして挿したコンポジション・スペシャル。バラのアーチのようなイメージで。

10 CHAPITRE 1

バラの可憐さを
印象づけるスタイル

香りのいいバラ(タンゴ)が引き立つよう、シンプルにフランボワジエを合わせて。右は、同じバラで束ねたシャンペトルブーケ。

Différents styles de composition florale

器を使用して花で構成する
コンポジション

Composition de fleurs
「コンポジション・ド・フルール」＝花で構成されたもの

　パリで念願だった、憧れのフラワーアーティストの店で研修できることになり、才能溢れるフローリストたちが次々に作る花を間近で見る機会に恵まれました。彼らが作るお悔やみの花は、「ドゥイユ（deuil）」と呼ばれており、学びながら、私自身もそのアレンジメントを体得し、制作するようになりました。

　展示会や、器の撤収が難しい郊外でのイベント装花のために、楕円のバスケットや立方体の箱を使って花を挿したアレンジメントを、「フランスでは、言葉でどう表現するのか？」と他のスタッフに聞くと、「コンポジション」と教えてくれました。以来、日本でいうところのフラワーアレンジメントやバスケットアレンジメントは、「コンポジション」と呼び、独自のスタイルを加えたものをレッスンの際や拙著で紹介しています。

風景でより引き立つ
レッスン会場の近く、リュクサンブール公園で撮影した作品。風景に馴染むのがコンポジションの特徴。

ウィンドウは常に
季節を彩る花々で美しく

レッスンを行っているのは、パリ6区にあるフ
ラワーショップ『ローズバッド・フローリスト』。
季節の花が美しくディスプレイされている。

Un style français, la composition en panier

フランスのバスケットアレンジメントのスタイルとは

フランスの人々が生み出すオリジナリティは、世界の人々を魅了します。
その背景から育まれたのが、「シャンペトル」スタイルのコンポジションなのです。

個人それぞれの嗜好があり
好きなスタイルは人それぞれ

　フランスは個人主義の国で、「人は人、自分は自分」、「人とは違うことをしたい」と考える人が多い印象があります。そのため、皆が流行を追いかけるということはなく、花業界においても、どんなに古いといわれようと、クラシックな作風を守っているフローリストもいれば、野に咲く花をまとめたような「シャンペトル」が好きでそれしか作らないフローリストもいます。

　スタイルが定まらないフローリストは、ソーシャルネットワークの影響か、ドライフラワーを使用したり、「スティルライフ」と呼ばれる静物画のように花を生ける流行を取り入れたり、さまざまなチャレンジをしているようです。

「スタイルは永遠」を目指す
コンポジション

　私が魅了されてやまない「シャンペトル」のスタイルは、コンポジションにも取り入れて制作することができます。シャンペトルの「Champ シャン」は、フランス語で野原や畑を示し、「田園風」と訳されるように、まるで草原から摘んだような野趣あふれる花や草を使います。

　世界的に著名なデザイナー、ココ・シャネルが、「流行は変化するけれど、スタイルは永遠」と言っているように、自然で清々しい「シャンペトル」のスタイルは、流行が終わって色褪せるものではなく、今や定着したスタイルとなり、今後も消えることはないでしょう。

パリの街角に映える存在感

ユーカリとミモザで器をカバーし、ミモザとコチョウランのブーケを入れたコンポジション・スペシャル。

日常生活において
可能な限り自然と触れ合う

パリ郊外には野生の草花が繁る
森や林が数多くあり、週末になると、
多くのパリジャンが散歩に訪れる。

風景をそのまま切り取り
作品に表現していく

左ページの風景をイメージしながら制作したコンポジション。キャロットソバージュの実が風にそよいでいるように挿す。

いつどんなときもインプットできるように
パリの街角に立つ朝市。みずみずしい野菜の色や
ディスプレイからもインスピレーションを得られる。

CHAPITRE 2

日本の ライフスタイル にも合う 「コンポジション」

Composition adaptée au style de vie japonais

"Composition" à la française, une splendeur d'art de vivre

フレンチスタイルの「コンポジション」がライフスタイルに華やぎを

憧れの「花のある暮らし」「丁寧な暮らし」には自然の風景をインテリアに取り込むアレンジメントが求められます。フランス流のデザイン性をコンポジションに反映させます。

パリのセンスをうまく取り込み
日本でニーズの多いアレンジメントに落とし込む

　私が日本のフラワースクールで学び、主宰する教室で教えていたのは、主に吸水性スポンジに花を挿すアレンジメントでした。その後、花束を勉強したくてパリまで来たもののなかなか上手にブーケが組めず、悩める日々を送っていたとき、研修先でテーブルアレンジメントを作る機会が訪れました。「それなら、何年も作ってきたから大丈夫!」と、意気揚々と制作した私のアレンジメントを見たスタッフは、「これじゃない」と次々に花を抜いていきました。そのときのショックといったら……今でも忘れることはできない、「パリスタイルのコンポジション」との強烈な出合いでした。
　コンポジションは「フランスではお悔やみの花」と述べましたが、日本では「贈り花」として制作する機会が多く、パリのエッセンスを取り入れたコンポジションをレッスンの題材にすることが常となっています。

大輪の花を上手に取り入れ
大胆なデザインを

シャクヤクのような大輪の花には、繊細な曲線を描くグリーンを合わせて軽快なリズムを出す。

Des fleurs sublimes, et un style d'arrangement japonais renouvellé.

**簡単なアイデアで
楽しむことを忘れない**

リボンを巻いて花留めにしたスタイル。少ない花でもまとまりやすく、折れた花や残り花を利用でき、簡単に「花のある暮らし」が楽しめる。

花の姿がより美しく映えるデザインが、日本の花業界を席巻する

　パリのクラシックな作風の花店は、今でも一点集中型のアレンジメントを作っていますが、私が憧れのフラワーアーティストの店で出合ったスタイルは、まるですべての草花が大地から生えているように垂直に挿し、自然な風景を作るものでした。庭や草原の一部を切り取って、凝縮し、再現する——そのデザインは斬新で、花がより生き生きして見えます。レッスン時にキャリアの長いフローリストやレッスンプロからも、「こういうタイプは初めて」と言われることの多い「コンポジション」。近年、日本でも、そのスタイルを象徴する楕円形のバスケットを使うフローリストたちが増え、垂直に花を挿すスタイルが浸透してきています。

大輪ダリアが優美な大型のデザイン
大型のコンポジションは、開店祝いや展覧会に
おすすめ。ガーデンウェディングの装花にも応用
できるデザイン。

キュートな色合いのバラと印象的な花材合わせ

パリでも人気の香りのバラ、「イヴ・ピアジェ」に紅葉と実を合わせて。チョコレートコスモスの色が甘さを引き締める。

真っ白なアネモネが
清楚さを印象づける

パリらしいシックな色合わせ
「白×ボルドー」。左ページ
にも使用しているチョコレー
トコスモスの曲線が軽快な
動きを表現。

さまざまな器のサイズで
自在にアレンジを愉しむ

入れ子の木箱を使い、同じ花の組み合わせで大・中・小のコンポジションを展開。おすすめの色合わせの1つ「オレンジ×フューシャピンク」で。

花材の特徴を生かし
臨機応変に組み合わせる

ブリキの横長の器に球根を入れた、「寄せ植え」のようなコンポジション。水を入れた試験管を添えることにより、生花も飾れるアイデア。

28　CHAPITRE **2**

花材を高低差で操り複雑にデザイン

キューブが4つ入っていたボックスに吸水性スポンジをセットし、コンポジションを制作。取り出したキューブにリボンを巻き、同じ花を入れると華やかなテーブル装花に。

ロマンティックな装いのテーブル花スタイル

両面テープで白羽根を貼ったガラスキューブに、ミニブーケを入れて。白い花でウェディングの卓花に応用するのもおすすめ。

CHAPITRE 3

季節感を
取り込む、
「春夏秋冬」の
コンポジション

**La composition
intègre le sens des
quatre saisons**

La composition introduit les quatre saisons; prinptemps, été, automne, hiver

「春夏秋冬」の旬を取り込むコンポジション

パリのフローリストが重視するのは、「旬の花」です。
フレンチスタイルには、季節感が欠かせません。

心豊かな生活を送るパリジャンが
花に求めるのは四季の移り変わり

　古来より四季に対して繊細な感覚を持つ日本人同様、フランス人も季節に敏感です。光や風の変化を素早くとらえ、季節の象徴として花を愛でる人が多いのです。鉛色の冬から抜け出し、芳しく咲くリラ（ライラック）で春の訪れを謳歌し、バラに囲まれた庭で日の長い初夏を堪能し、夏のヴァカンス先で野の草花と戯れます。秋は枯れ葉を踏みしめ、ノエル（クリスマス）をモミの木と過ごした後は、一足早い春の花を部屋に迎えて、太陽が戻ってくるのをじっと待ちます。

　ミモザが花店に登場すると、暗くて長い冬も終わりに近づいた証拠といったように、暮らしのリズムと花が密接に結びついています。マルシェ（朝市）には旬の花が並び、人々は野菜や肉、魚と同様、一束の花を求め、自宅に季節を取り込みます。通年出回っている花もありますが、例えば5月、シャクヤクを手にして目を細める人の、なんと多いこと！　旬の花は暮らしに潤いとアクセントを与えてくれるのです。

> **四季の移り変わりを知る**

　かつて、パリで人気フローリストにインタビューした際、「仕事する上で一番大事にしていることは何か?」という問いに、全員が「旬の花を使うこと」と答えました。フレンチスタイルを深めるには、「季節感」を意識します。各シーズンでもっとも生命力に溢れ、自然を感じさせる姿形の花、葉、枝を選ぶことが重要です。

季節に応じた花合わせとサイズ感

基本的に、パリでは「10本1束」で花を使いますが、春のシャクヤクは6本、夏の巨大なダリアは4本、秋色アジサイは2本というように、存在感のある花であれば、少ない本数で制作できます。冬はアネモネやラナンキュラスなど、花が小さく、茎がしなやかなものが多くなるので1束を使用し、それらを支えながら、スケール感も出せる枝を加え、伸びやかさと冬枯れの林のような透け感を出します。

コンポジションだからこその季節感演出

ブーケは基本的に丸い形ですが、コンポジションは、「まるで大地から草花が生え上っているように挿し、自然の一部を切り取って凝縮し、再現したデザイン」です。「箱庭」、もしくは「小さな花壇」ともいえるでしょう。花が咲く姿をそのまま表現することで、都会には少ない自然をより身近に感じられるのです。

「景色が明確に見えている」ことの重要さ

コンポジションは独特なデザインで、経験者でもあまり作ったことがない形です。レッスンでは花材を1本ずつ渡し、「これをここに、この高さで」と指定して進めます。「林のような印象で」と説明すると、自然に囲まれて育った方は、後半は迷いなく自身で挿すことができます。それは風景が見えているからなのです。

「景色」を目に焼きつける技術

ノルマンディーを訪れたとき、丘一面のホルジウムが陽射しを受け、輝きながら風にたなびいているのを見ました。それまでも、穂を使ったコンポジションは作っていましたが、たった1種類の「雑草」といわれるものが作る景色に感動しました。その美しさを知ってから、コンポジションに風がそよぐ様子を表現できるようになったのです。

挿していく上での「着地点」について

1点集中デザインのアレンジメントを作り慣れている方々からは、いつも「着地点が見えない」という声を聞きます。「作る景色が見えない」というのは、都会育ちの方が多いことに気づきました。コンポジションの完成形をたやすくイメージできるようになるには、できるだけ自然に触れ、葉や枝の重なり、木漏れ日の透け方などを観察することをおすすめします。

Composition, printemps en fleurs

「春」を彩るコンポジション

みずみずしい茎としなやかな曲線を持つ球根花や、
芽吹きの美しい枝物を合わせて春を演出しましょう。

春の訪れを告げる繊麗な花々
枝物で支えながら、上手にデザイン

　生け花を習っていたとき、先生に「春は黄色の花から始まる」と教えられました。マンサクやレンギョウ、そしてパリでは、なんといってもミモザです。春はヒヤシンスを始め、手に取ると、茎がきゅっきゅっと鳴るようなチューリップ、フリチラリア、ポピー、アネモネなど、繊細な曲線が美しい花がたくさんあります。しかし、それらはいずれも折れやすく、吸水性スポンジに挿したときに倒れやすいため、春を象徴する黄色い花木や、芽吹いた枝物と組み合わせると安心です。

グリーンのコントラストを効かせて
華やかなイヴ・ピアジェの妖艶さを引き立てる

p.27の球根アレンジで使用したブリキの器に、バラのコンポジションを。花材によって、イメージが変わり興味深い。

使用花材	バラ(イヴ・ピアジェ)、ヘデラベリー、ビバーナム・スノーボール、ユーカリ・アップル
カラー	フューシャピンク×グリーン

ボルドーのチューリップと
キュートなタイツリソウで
すっきりとした縦ラインを強調

ここ数年パリでよく見る、樹の皮を貼った器を使用。存在感の大きいコチョウランの間から可憐な花や枝葉を出して馴染ませる。

使用花材　チューリップ（ブルーダイヤモンド）、
　　　　　コチョウラン、タイツリソウ、ナシ
カラー　　フューシャピンク×ボルドー

リラとチューベローズの香りの共演
コンポジション・アロマティック

茎が細く、しなやかで倒れやすい花材は、先端をコンポジションの中心に向け、自立する位置と向きを指先の感覚で探ってから、一気に深く挿すと良い。

使用花材	ライラック、チューベローズ、ビバーナム・オプルス・フラット、ハゴロモジャスミン
カラー	モーヴ×グリーン

50本のスイートピーと桜が寿ぐ50歳のバースデープレゼント

フランスでは手に入らない長いスイートピーの魅力を、存分に生かした春の大型コンポジション。
パニエの中に折りたたんだ段ボールを入れ、上げ底により軽量化している。

使用花材	スイートピー、マメの花、ビバーナム・スノーボール、サクラ、コデマリ
カラー	ペールピンク×グリーン

清楚な蕾と爽やかなグリーンが主役

「ニワナナカマド」とも呼ばれるチンシバイの枝物で、
春から初夏に移りゆく様子を表現する。

使用花材	チンシバイ、アジサイ、チョコレートコスモス、サンキライ
カラー	モーヴ×グリーン

ラナンキュラスの春らしく鮮麗な色合いに心弾ませて

アジサイやシャクヤクなどに比べ、ボリュームが小さい花は、伸びやかな枝を大胆に使うことで、コンポジション全体のスケール感を出せる。

使用花材　ラナンキュラス、ユキヤナギ、ヘデラベリー
カラー　　オレンジ×グリーン

暖かな日差しに誘われ
一斉に萌えて咲き誇る
庭の風景を写し取る

暗く長いパリの冬の終わりを告げるビタミンカラーのコンポジション。花材の種類を多くしないのが、洗練されたパリスタイルにする秘訣。

使用花材	ミモザ、ヘデラベリー、ラナンキュラス
カラー	イエロー×オレンジ

幸福感に満たされそうなピンクの花々
フォルムの違いを楽しんで

春爛漫、桜色のコンポジション。サクラはラインを強調するものと、隙間を埋める開いたものの2種類を使用。

使用花材	ラナンキュラス、スカビオサ、キイチゴ、サクラ、ヘデラベリー
カラー	ピンク×グリーン

ユーカリと桜葉がペールトーンのバラを
さりげなく引き立てる

穏やかなニュアンスカラーでまとめたコンポジションを
上から見たところ。前後、左右、どこから見ても美しく作る。

使用花材	バラ（フェアビアンカ）、ユーカリ・ポポラスベリー、サクラの葉
カラー	フレンチベージュ×グリーン

Composition éblouissante d'été

「夏」に輝くコンポジション

強い陽射しを受けて咲く、存在感のある花々を
パニエへ豪快に挿して、デザインしましょう。

**大輪の花を組み合わせる醍醐味
雑草も使いこなして構成を**

　日本では、通年入手できるダリア。フランスでは、夏から秋だけに出回る球根花です。ダリアやヒマワリのように顔の大きな花は、思い切り高低差をつけると立体感が出ます。花の傾きが一様でない花は、庭に咲いている姿を思い浮かべながら、向きも高さもさまざまにするとまとまりやすくなります。フサスグリ、フランボワーズなど、可憐な果実と透明感のある葉も、夏ならではの魅力的な花材。畦道に自生している雑草も副材としてよく合います。

**繊細なクレマチスを
小さなボックスに散りばめて**

本書でたびたび登場するキューブ。リボンの色や材質、花をチェンジすると、あらゆるシーンに活用できる。

使用花材	クレマチス、ビバーナム・スノーボール
カラー	ホワイト×グリーン

淡いグレーのパニエに フランスの夏の庭に咲く 草花を集めて

フランスと日本で、出回る時期が少々ずれる花の1つがコスモス。夏に登場しシャンペトルな雰囲気を演出する花材。アワは外側に倒れやすいので、挿す角度に気をつける。

使用花材	アジサイ、リシマキア、コスモス、アワ、キャロットフラワー、フランボワジェ
カラー	ホワイト×グリーン

豊かについた実もので、大輪のダリアをチャーミングに演出

存在感あるコチョウランが目立ちすぎないように。まるでダリアの花園に蝶が舞い降り、羽根を休めているようなイメージで、周りと馴染む位置と角度を探して挿す。

使用花材	ダリア、コチョウラン、コトネアスター、フランボワジエ
カラー	フューシャピンク×オレンジ

軽やかに舞うユーチャリスに
ビバーナムのグリーンを絡ませて

うつむいて咲くユーチャリスは、他の花の上に乗るような高さに挿すと、向きに変化をつけることができる。軽快に踊っているように、1本1本の角度と高さ、向きを研究する。

使用花材	ユーチャリス、ビバーナム・スノーボール、フサスグリの葉
カラー	ホワイト×グリーン

真紅のダリアと
艶やかなブラックリーフの
華麗な組み合わせ

おすすめの色合わせの1つ「フューシャピンク×ボルドー」。銅葉のコティニュスがシックに引き締める。

使用花材	ダリア2種、コトネアスター、コティニュス
カラー	フューシャピンク×ボルドー

艶やかな実が目を引く
夏の煌めきを閉じ込めた
アジサイのコンポジション

ビジュー(宝石)のようなフサスグリの実が
ポイント。実ものは1年の中でほんのひとと
きじか出合えない「旬」を感じる花材。

使用花材　アジサイ。フサスグリ。フランボワジエ
カラー　　　フューシャピンク×レッド×グリーン

アジサイの花を愛でるように舞う
軽やかなスカビオサ

アジサイのように面積が大きい花は、短時間で制作できる「時短」アイテム。スカビオサの曲線で動きを出し、フランボワジェの繊細な先端を生かして「面」にならないようにする。

使用花材	アジサイ、フランボワジェ、スカビオサ、ポピーシード
カラー	ホワイト×グリーン

Composition aux couleurs de l'automne

「秋」に艶めくコンポジション

秋を代表する花材は、紅葉した枝とアジサイ、ダリア。
手早く制作でき、
効率の良い「時短スタイル」を実現します。

秋には、秋色の景色を反映させる
いかに旬を取り入れられるかが重要

　日本では通年出回るダリアですが、フランスでは夏から秋だけ登場する季節の花です。また、アジサイといえば、梅雨時の花という印象ですが、ヨーロッパでは秋によく使う花です。秋色アジサイといったら、イメージしやすいでしょうか。高低差をつけて2本挿すと、一気に吸水性スポンジをカバーできるので、コンポジションに最適な花です。ただし、ベタっとした「面」になりがちなので、穂や実のついた枝物と組み合わせて、風が通り抜けていく景色を意識しましょう。あえて枯れた葉を使い、朽ちゆく秋の野原を表現するのも趣があります。

華やかなダリアをふんだんに使って
洗練された色合わせを楽しむ

カジュアルなイメージが強いポンポンダリアも、フレンチスタイルの色合わせにすれば、シックで小粋なコンポジションに。

使用花材	ダリア3種、紅葉ヒペリカム、クリスマスブッシュ、シンフォリカルポス原種、アロニア
カラー	オレンジ×フューシャピンク

グラデーションカラーでつなぐ
エレガントなダリアと
スモーキーな秋色アジサイ

花の向きが定まらないので、使うのが難しいといわれることの多いダリア。このような向きに挿すことで、花の正面だけでなく、後ろ姿の魅力に気づく。

使用花材	アジサイ、ダリア、グラミネ、フランボワジエ、コトネアスター
カラー	フューシャピンク×オレンジ

晩秋の森を連想させる
朽ちかけた草花が持つ
シャビーな美しさ

紅葉フランボワジエを使用。枯れゆくものの美しさは、繊細な感性を持つ日本人にも伝わるはず。ひと味違うアレンジを求めている大人にすすめたいコンポジション。

使用花材	アジサイ、野バラの実、ヘデラ、フランボワジエ
カラー	ピンク×ブラウン

色づく実を揺らす
風の音が聞こえそうな
美しき野の光景

色づいた実と、「グラミネ」と総称される穂を加えると、秋のシャンペトル（田園風）なコンポジションの完成。

使用花材	アジサイ、コスモス、グラミネ、ビバーナム・コンパクタ
カラー	フューシャピンク×オレンジ

56　CHAPITRE 3

楽しげに花首を揺らすコスモスと
ペールグリーンのアジサイがベストマッチ

最後に加えたヒメリンゴが秋の風情を醸し出す。枝物は流れを生かして、大胆に使うと、コンポジションに面白い効果を生む。風にそよぐグラミネで、柔らかさも加えて。

使用花材　アジサイ、コスモス、グラミネ、フランボワジエ、ヒメリンゴ
カラー　　ホワイト×グリーン

フランボワーズと
コスモスを差し色に
大胆な高低差で遊ぶ

色づき始めたフランボワーズがポイント。
シャープな横長の器が気に入り、パリの
レッスンの際、よく使用している。

使用花材	アジサイ、コスモス、野バラの実、フランボワジエ、ユーカリ
カラー	ホワイト×グリーン

野原の素朴さと、ビビッドな花の妖艶さに心惹かれて

おすすめの色合わせの1つ「フューシャピンク×ボルドー」。華やかななかにもトラノオに似たリシマキアが野趣と動きを加える。

使用花材	ダリア、コスモス、フランボワジエ、リシマキア
カラー	フューシャピンク×ボルドー

動きのあるヤマゴボウをプラスして、存在感を放つ作品に

横長の花器シリーズ。楕円のパニエに比べ、奥行きのない場所にも置け、吸水性スポンジのセットも簡単。日本では雑草扱いされていたヤマゴボウも、フレンチスタイルの普及で人気花材に仲間入り。

使用花材	アジサイ、コスモス、カエデ、ヤマゴボウ
カラー	ピンク×ボルドー

Composition scintillante de l'hiver

「冬」に煌めくコンポジション

コチョウランと白い花は、冬の定番です。
冬枯れを連想させる枝を上手に取り入れましょう。

コチョウランなどの豪華な花材で
冬の寂しさを払拭するコンポジション

　パリのフローリストによると、「冬の花＝白い花」。確かに、白は雪を思わせる色で、しんとした冬の空気に合います。この季節の主役である、常緑樹と白い花の色合わせは、「永遠の定番」と呼ばれます。
　また、冬は顔の小さな花が多くなるため、定期装花には存在感のあるランがよく使われます。裸木とコチョウランは、私にとって冬の季節を表現する代表的なコンポジション要素。葉が少なく、茎が細い花材が多いときは、苔を使って吸水性スポンジを隠すと便利で、美しく仕上がります。

雪が舞い落ちる森をイメージさせる
可憐な白い花々と冷たい質感のシルバーリーフ

エバーグリーンで囲んだ器に吸水性スポンジを入れ、雪を思わせる白い花を挿したコンポジション・スペシャル。冬枯れを表現する枝と、1ヶ所に集めて流れを出した実ものがポイント。

使用花材	アネモネ、スイートピー、サゴ、ヤシャブシ、ブルーアイス、ヒバ
カラー	ホワイト×グリーン

やわらかな羽根のようなアネモネと
ビバーナムの組み合わせ
随所に散らした黒花で引き締める

パリらしいシックな色合わせ「白×ボルドー」を冬バージョンで。横長のブリキの器が冬の冷たい質感とマッチする。

使用花材　アネモネ、チョコレートコスモス、ビバーナム・スノーボール、ゼラニウム
カラー　　ホワイト×ボルドー

春を待ちきれずに咲く
チューリップに、
鈴なりに咲く
カランコエを添えて

カランコエは、鉢植えをカットしたもの。希望のグリーンが切り花で手に入らないときは、鉢物にも注目すると良い。

使用花材	チューリップ （スーパーパロット）、 カラーの葉、 カランコエ（マジックベル）、 クリプトメリア
カラー	ホワイト×グリーン

グレイッシュな
パリの冬空を映し出す
静謐な花合わせ

彩度の低い冬のパリの風景に馴染むコンポジション。パリのレッスンで主役級に人気を集めているのが、自然にコケが付着した枝物。ここでもワンポイントに使用している。

使用花材	アネモネ、ユーカリ、 ヘデラベリー、コケボク
カラー	ホワイト×パープル

シンプルだからこそ美しい
モスをあしらって自然に魅せる

根付きのクリスマスローズを使ったコンポジション。パリの三ツ星レストランの卓上花として納品したもの。苔で根元をカバーし、コケボクを挿してオリジナリティを高めた。

使用花材	クリスマスローズ、コケボク、コケ
カラー	ホワイト×グリーン

雪が降り積もる野で凍える
美しい姿をいつまでも留め続けて

そのままドライフラワーになる花材で作ったコンポジション。シルバーグレーの葉と実ものに冬枯れの枝が映える。

使用花材	ヤシャブシ、ユーカリ・ポポラスベリー、サゴ、ダスティーミラー（シラス）
カラー	ホワイト×ブラウン×グリーン

和の雰囲気を盛り込んだ
パリスタイルの
ニューイヤー・アレンジメント

枝ぶりが面白いヤシャブシを大胆に、思い切り長く使うことにより、コンポジションにドラマチックな効果を与える。

| 使用花材 | ヤシャブシ、ダリア、ツバキ |
| カラー | ピンク×グリーン |

CHAPITRE
4

日常生活の
シーンに適した、
コンポジションの
デザイン

Composition,
adaptée aux scènes de
la vie quotidienne

A chaque occasion sa composition

さまざまなシーンで取り入れられる
コンポジション

お祝い花やお見舞いの花、日常生活の中に花を贈るシーンは多々あります。フレンチスタイルを取り入れ、自身のデザインを編み出しましょう。

見慣れた祝い花と一線を画す
フレンチスタイルのコンポジション

　大きな名札を付けたスタンド花で目立ちたい人もいれば、他の祝い花とは違うデザイン、見たことのないスタイルの花を贈りたい、という個性派もいるでしょう。フレンチスタイルのコンポジションは、ことさら仰々しい飾りを付けなくても、そのデザインの特異性で送り主のセンスをアピールすることができます。自然の一部を切り取ったかのような、花が花らしくある姿のため、どんな場所に置いても違和感がなく、特にシンプルなインテリアやナチュラルテイストの場所によく映えます。おしゃれなお店のオーナーに、一番目立つ場所に飾ってもらえる、そんなコンポジションなのです。

日本のお祝いごとや
イベント行事に最適な
コンポジション

　リピートして幾度もレッスンを受けて下さる方々のためにも、常に新たな驚きや学びを提供したいと思っています。ランジス花市場で見つけた正方形のメタル花器。重箱に見立ててお正月のコンポジションを作ろう！と閃きました。床の間や玄関の棚など、背面が壁の場合はもちろん、四方見なのでテーブルに置いて、どの席からも楽しめるデザインです。

目的別に大きさを変えていくコツ

　開店祝いや個展のお祝いに贈る花は、床に直置きのケースも考え、高さのある大きなコンポジションでも良いでしょう。病室に飾る場合は、省スペースの小さなサイズのものを。テーブルの上に置く花なら、ゲストの会話の邪魔にならないよう、低めにしつらえます。
　状況によって選ぶ器の形、大きさも異なります。『ホテル・リッツ・パリ』に勤務していたとき、150本のバラを使ったコンポジションの注文があり、インテリアショップで籐製の衣装ケースを調達したことがありました。そうした複雑な形の器にも対応できるよう、吸水性スポンジのセット術（第6章参照）を体得する必要があります。

パリスタイルのおすすめの色合わせ

　パリのフラワーショップでは、基本的に「10本1束」で花を販売しているので、1つのブーケやコンポジションの中に、何種類もの花や色が混じり合うことはあまりありません。また、私が修行したフラワーアーティストの店では、「色を混ぜるのは、MAX3色まで」という暗黙の了解がありました。使う花が単色でも、花の種類が少なくても、高低差や色合わせによって、決して単純ではなく、他にはない魅力的な作品が作れるということを学び、さまざまな場でそのエスプリをお伝えしています。

目的別にカラーを変える

　パリで誰かの家に花を持って行くとき、その家主の好みやスタイルを知らない場合は、「白とグリーン」を選びます。インテリアにこだわりのあるお宅や、個性的な家具が配された室内でも、白とグリーンの花なら邪魔になりません。
　反対に、お見舞いの花を白とグリーンにすると、日本では「お悔やみの花」を想像させるので、避けた方が良いでしょう。病を患う人に疲れを感じさせず、気持ちが癒されるような優しい色合いが適しています。

パリスタイルのおすすめの色合わせ

ホワイト×グリーン
「永遠の定番」と呼ぶ色合わせ。家に飾って一番ほっとするのは、白い花とグリーンの葉だけのシンプルな花です。

ホワイト×ボルドー
白とグリーンに、深いワインカラーを差し色に使う色合わせ。洗練された大人っぽい作品になります。

ボルドー×フューシャピンク
深いワインカラーに、青みの強いピンク（マゼンダ、ショッキングピンクとも呼ぶ）を合わせるとシックでエレガントに。

フューシャピンク×オレンジ
フューシャピンクに負けない彩度の高いオレンジ色を合わせると、とても華やかです。デザイナーのイヴ・サンローランやクリスチャン・ラクロワが好んで使った色彩。

オレンジ×ボルドー
甘くなり過ぎず、男性へのプレゼントにもおすすめの色合わせ。ビタミンカラーのオレンジを、シックなボルドーが引き締めます。

CHAPITRE 4

Pour l'ouverture d'un magasin ou un cadeau pour une exposition

Acte 1. ショップの開店祝いや展示会ギフトのコンポジション

センスの良さが際立つコンポジションは、多くの人の目を引きます。デザインがビジネスパフォーマンスを上げる可能性も高いのです。

**ボルドーのスカビオサが
ピリッと効くスパイスのように
主役のバラを引き立てる**

キューブが4つ入っていた横長のメタル製花器に、吸水性スポンジをセットしてミニ花壇のようなコンポジションを制作。中に入っていたキューブはリボンを巻き、サブ花として使用。

使用花材	バラ（ベビーロマンティカ）、スカビオサ、フェンネル、フランボワジェ
カラー	オレンジ×ボルドー

**派手で目立てば喜んでもらえるとは限りません
こだわりの空間にフィットする花を**

　インテリア界で、もはや定番となっている北欧スタイル、あるいはこだわりの古民家ギャラリー、インダストリアルなカフェなどに贈る花は、特にスタイルに注力したいものです。従来の「派手で目立てば良い」という花合わせや色合わせでは、送り先に喜んでもらえないことも。ナチュラルな趣のコンポジションなら、その場にすっと馴染み、爽やかな空気を運んでくれるに違いありません。パリでは気にせず使いますが、床やクロスが汚れる可能性のある種や実が落ちる花材は、避けた方が無難です。

早春の散歩中に発見した
シークレットガーデンのように

茎の長いフレンチチューリップは、枝で支えることでダイナミックに挿せる。プリュニュスは、蕾から花びらの落ちた姿まで生かし、花の一生を表現。

使用花材	チューリップ、コデマリ、ラナンキュラス、プリュニュス
カラー	ホワイト×ボルドー

72 CHAPITRE 4

Pour l'ouverture d'un magasin ou un cadeau pour une exposition

たおやかなミモザに
枝物を合わせれば
シャープな表情に

ミモザの軽やかな黄色を強調するため、
葉はすべて取り除いているのがポイント。
倒れやすいミモザを枝が支えてくれる。

使用花材　ミモザ、ボケ、コチョウラン、
　　　　　ユーカリ
カラー　　イエロー×グリーン

より深く、より艶やかに
ダリアを瀟洒に彩る
黒葉の存在感

黒い葉の前に挿した赤い実が映える。このように花材の層を重ねることによって立体感を出すことが重要。

使用花材　ダリア、コチニュス、コトネアスター
カラー　　フューシャピンク×ボルドー

74 CHAPITRE 4

POUR L'OUVERTURE D'UN MAGASIN OU
UN CADEAU POUR UNE EXPOSITION

エレガントなコチョウランと
和テイストのホオズキの
幸せな巡り合わせ

和のイメージが強いホオズキはパリでも出回る。コスモスとコチョウランの中央部分のフューシャピンクが、オレンジに合う。

使用花材	コスモス、コチョウラン、アジサイ、ヘデラ、ホオズキ、グラミネ
カラー	フューシャピンク×オレンジ

紫×グリーンの組み合わせがシック！
丸みのあるアレンジメントに
しなやかな枝で動きをプラス

基本形はパニエからはみ出さないよう
花材を挿すが、形のおもしろい枝は別。
大胆に流れを生かして使いたい。

使用花材	アジサイ、シンフォリカルポス原種、ミニトマト
カラー	モーヴ×グリーン

存在感たっぷりの枯れた葉と
動きのあるヘデラで思い切りワイルドに

日本だったら顧客から「枯れている」とクレームが来そうだが、パリでは秋の野原を思わせる風情が評価される。その良さを広めていきたい。

使用花材	チューリップ（スーパーパロット）、ヘデラ、ヘデラベリー、フランボワーズ、野バラの実、カシワバ
カラー	レッド×ブラウン×グリーン

76　CHAPITRE 4

Pour témoignage de sympathie ou condoléances

Acte 2. お見舞いやお悔やみの コンポジション

フランスのお悔やみ花の定番は、カーネションと菊
白に限らず、カラフルな花を用いることも多い

**お見舞い花は花、色、香り、
サイズに気を遣い
お悔やみ花は故人の好みを尊重も**

　時とともに、花の好みは変化していきますが、時代に関係なく、お見舞いにタブーな花の常識は知っておかなければなりません。「寝つく」から根付きの鉢物は不可、「死と苦」を連想するからシクラメンは使用を避ける、葬儀をイメージする菊や、白1色のアレンジ花もタブーとされています。病を患うと、些細なことも気になりやすいので、贈り花には細心の注意を払います。生花の持ち込みができない病院もあるため、事前に確認を。飾れたとしたとしても、手のかからない花を選択することを心得ておきましょう。

**さりげなく寄り添う気持ちを伝える
キューブのミニアレンジメント**

省スペースで安定感があり、割れない素材の花器は、お見舞いに最適。水下がりの心配が少ないアマリリスなどの球根花を飾れば、手のかからない小さな潤いスポットになる。

使用花材　サンゴミズキ、アマリリス
カラー　　グリーン×ブラウン

**舞い踊るみずみずしい花から
精気をもらう**

アジサイは低く、つるの動きが軽やかなバイモ
ユリは、高めに挿してメリハリを出す。

使用花材	アジサイ、バイモユリ、チョコレートコスモス、バイカウツギ
カラー	モーヴ×ボルドー×グリーン

78 CHAPITRE 4

POUR TÉMOIGNAGE DE
SYMPATHIE OU CONDOLÉANCES

遊び心のある装飾で
気落ちしている人に元気を

蚤の市で見つけた古書のページをプラスチックキューブに貼り、アンティークリボンを巻き付けた器。簡単で喜ばれるアイデア。

使用花材	スイートピー2種つる付き、フランボワジエ、バラ
カラー	ピンク×フューシャピンク

フウセントウワタの
森を守るように立つ
赤みを帯びた枝が
印象的

葉が少なく茎が細い花材のみで、吸水性スポンジをカバーできないときはコケを使う。ワイヤーをUピン状に曲げたものを挿して固定すると良い。

使用花材	フウセントウワタ、クリスマスローズ、サンゴミズキ、コケ、ポケ
カラー	グリーン×ブラウン

Pour témoignage de sympathie ou condoléances

男性へのプレゼントにもぴったり シックなアジサイと白花たち

大きなアジサイで吸水性スポンジをカバー。その上をしなやかな草花が舞うように動きをつけて。

使用花材	アジサイ、コスモス、フランボワジエ、ハゴロモジャスミン
カラー	ホワイト×グリーン×モーブ

フューシャピンクのアジサイの上で
色鮮やかな花を軽やかに遊ばせる

左ページの色違い。「フューシャピンク×ボルドー」は華やかななかにも落ち着きがあり女性へのプレゼントに最適。

使用花材	アジサイ、コスモス、スカビオサ、フランボワジェ
カラー	フューシャピンク×ボルドー

82　CHAPITRE 4

| Pour fêter un mariage
ou un anniversaire |

Acte 3. 結婚や誕生日の お祝いのコンポジション

幸せな記憶を喚起させる旬の花を贈りましょう。
永遠の想い出を焼き付けるような、
五感に働きかけるコンポジションにします。

その季節の花や
香りのいい花を選ぶことで
記念日をより印象的に演出する

　記念日のプレゼントには、ぜひその季節にしかない花を選んで欲しいと思います。毎年同じ花だったとしても、いいえ、同じ花だからこそ、その姿や色、香りから「またこの季節が巡ってきた」と、感謝や幸せの余韻に浸ることができると思います。
　香りの記憶というのは鮮烈で、一瞬にして思い出にタイムスリップできるもの。思い切り華やかな色合わせと、ゴージャスな花合わせにしたものが、結婚記念日や誕生日にふさわしく、喜ばれるお祝い花だといえます。

**ボルドーのダリアを惜しげなく使った
特別な日のアレンジメント**
華やかな大輪のダリアの間に、軽やかなフランボワジェやヘデラをはさみ、面にならないよう工夫する。

| 使用花材　ダリア、ヘデラ、フランボワジェ
カラー　　ボルドー×グリーン |

朽ちていく美しさに気づく
フランスの成熟したエスプリ

あえて枯れ始めた葉を使って、物悲しい秋の乾いた野原を表現。フレンチスタイルでは朽ちていく様の美しさも伝えていきたい。

使用花材	アジサイ、野バラの実、ヘデラ、ユーカリ、フランボワジエ
カラー	ピンク×グリーン

84 CHAPITRE 4

POUR FÊTER UN MARRIAGE
OU UN ANNIVERSAIRE

コトネアスターの美しい流れと、コチョウランの花茎ラインを存分に生かして
コチョウランが主張しすぎないよう、また平面的にならないよう、
角度に気をつけて挿す。華やかでお祝いに最適のコンポジション。

使用花材	ダリア、コチョウラン、コトネアスター、フランボワジェ
カラー	フューシャピンク×オレンジ

明るいだけじゃない、ボルドーを効かせた大人の色合わせ

おすすめの色合わせの1つ「オレンジ×ボルドー」。子どもっぽくなりがちなビタミンカラーをヴァンダ(ラン)と合わせてシックでラグジュアリーに。

使用花材	チューリップ(モンテオレンジ)、ヴァンダ、ユーカリ、フウセントウワタ
カラー	オレンジ×ボルドー

86 CHAPITRE 4

| POUR FÊTER UN MARRIAGE
| OU UN ANNIVERSAIRE |

ダリアが持つさまざまな表情を
フウセントウワタと深みある銅葉で引き立てる

すべての花を正面に向かせず、あえて隠す部分も作り、
陰影を持たせるのがコンポジションの特徴。引き込ま
れるような美しさと、他にはないオリジナリティがある。

| 使用花材 | ダリア、カエデ、フウセントウワタ、野バラの実 |
| カラー | フューシャピンク×ボルドー |

お祝いの席を
ナチュラルでオリジナルな
オブジェで彩る

花器部分に巻いたテープを、リボンではなくラフィアでカバー。素朴な雰囲気に。

| 使用花材 | アジサイ、キャロットソバージュ、野バラの実、ユーカリ、ミモザアカシア |
| カラー | ピンク×グリーン |

88　CHAPITRE 4

> POUR CÉLÉBRER L'INAUGURATION D'UNE NOUVELLE
> CONSTRUCTION OU UNE RENOVATION

Acte 4. 新築や改築のお祝いの コンポジション

花が終わっても、道具として使える美しい器を選び、
人々の記憶に残り続ける、印象的なアイデアを盛り込みます。

意外な組み合わせが新鮮！
永遠に愛される白い花と
チランジアのコラボレーション

定番の色合わせ「ホワイト×グリーン」
の中にキセログラフィカ（チランジア）を仕
込んでアイキャッチに。

使用花材	コチョウラン、アジサイ、グラミネ、キセログラフィカ
カラー	ホワイト×グリーン

作家の手仕事によるパニエなど
インテリアの素敵なアクセントとして喜ばれるはず

　まだなんとなくよそよそしい感じのする新しい場所に、ナチュラルな風が吹き込むようなコンポジションを贈れば、そこにいる人たちにリラックスしてもらえるのではないでしょうか。さらに、パニエ（バスケット）を美しいものにすることで、花が終わってもインテリアの道具として、暮らしに寄り添ってくれるはず。とても気の利いたお祝いになることは間違いありません。花の色は、どんなインテリアにも邪魔にならない白×グリーンの組み合わせがおすすめです。

パニエの中に自然の恵みを詰め込めば
ベーシックな色合わせでも新鮮な印象に

カゴからスズメウリの実がこぼれ落ちるような演出。
ストーリーを感じるコンポジション。

使用花材	アジサイ、コチョウラン、フランボワジエ、リンゴ、スズメウリ
カラー	ホワイト×グリーン

CHAPITRE 4

POUR CÉLÉBRER L'INAUGURATION D'UNE NOUVELLE
CONSTRUCTION OU UNE RENOVATION

ラスティックな器で強調させる
ニゲラやアジサイの
繊細なフォルム

樹の幹のようなゴツゴツした質感が面白い
横長の器を使用。楕円や長方形のテーブル
にも合い、奥行きのない場所にも飾りやすい
コンポジション。

使用花材	アジサイ、ニゲラ、ブルーベリー
カラー	ホワイト×グリーン

表も裏もない全方位のオリジナルデザイン

便宜上、「正面」と表記するものの、コンポジションには表も裏もなく、どこから見ても美しく、それぞれの面で異なる情景を見せる。p.92には、同作品の裏面を掲載。

使用花材	アジサイ、コチョウラン、ユーチャリス、ビバーナム・オプルス、コトネアスター
カラー	ホワイト×グリーン

92 CHAPITRE 4

POUR CÉLÉBRER L'INAUGURATION D'UNE NOUVELLE
CONSTRUCTION OU UNE RENOVATION

どこから見ても美しさで魅せられる、全方位コンポジションの黄金律

p.91のコンポジションを反対側から撮影。まったく異なる表情を楽しめる。基本的にす
べてのコンポジションは中央を低くして、風が通り抜けるような空間を作るのがポイント。

使用花材	アジサイ、コチョウラン、ユーカリス、ビバーナムフラット、コトネアスター
カラー	ホワイト×グリーン

深い色のアジサイの上で羽を休める蝶のように儚げに輝く白い花

ユーチャリスやクリスマスローズのようにうつむきがちに咲く花は、アジサイの花の上に乗せ、引っぱるように高さを調整すると、ちょうど良い向きに収まる。

使用花材	アジサイ2種、ユーチャリス、クロホオズキ、トケイソウ
カラー	ブルー×パープル×グリーン

94　CHAPITRE 4

Pour événement annuel ou événementiel

Acte 5. カレンダーの行事やイベントのコンポジション

暦の上で人々は花と密接につながっています。
行事にちなんだ花を子どもと一緒に作り、「花育」を行いましょう。

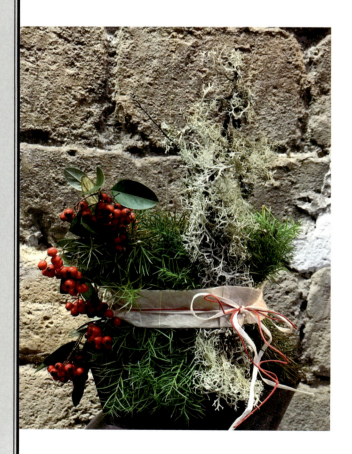

**アイディア次第で使い回し可能
花器を装飾する
「コンポジション・スペシャル」**

　P.66では、正方形の花器を重箱に見立てたお正月のコンポジションを掲載していますが、器を葉で装飾する「コンポジション・スペシャル」も行事のしつらいによく合います。クリスマスにはモミやヒバで器をカバーし、赤い花でブーケを作って器に入れます。
　お正月は松やナンテンを加え、リボンは水引に、ブーケも和風の花にチェンジ。常緑樹は水がなくても長持ちしますから、器はそのままに、バレンタインには、長さを揃えた赤バラを器の形に合わせてぴったり入れます。桃の節句には桃や菜の花のブーケを、端午の節句は柏の葉で器をカバーし、ショウブの束を真っすぐに立てて飾ると素敵です。

**和と洋のエスプリが融合した
独自の世界を表現**

コンポジション・スペシャルの器が完成したところ。葉を留めるテープ部分は、和紙を巻いてカバー。水引風の紅白の紐を加えて、お正月の雰囲気に。

使用花材	クリプトメリア、コケボウ、ピラカンサス
カラー	紅白×グリーン

和に偏りすぎない
粋でおしゃれな新年のアレンジメント

左ページの器に、紅白の花で束ねたブーケを入れて完成。コケボクが独特の風情を出している。和とパリスタイルの美しき融合。

使用花材	コチョウラン、アネモネ、ピラカンサス、クリプトメリア、コケボク
カラー	紅白×グリーン

96 CHAPITRE 4

POUR ÉVÉNEMENT ANNUEL
OU ÉVÉNEMENTIEL

ノエルを心待ちにしている
あの人に送りたい
特別なコンポジション

モミやヒバなど、ノエル（クリスマス）にちなんだグリーンで器を装飾。リボンは細いビロードを使用して、冬の質感を表現。

使用花材	スカビオサ、モミ、ヘデラベリー、コケボク
カラー	モーヴ×グリーン

CHAPITRE 5

コンポジションを制作するための予備知識

Avant de créer une composition, quelques éléments de théorie

Avant de créer une composition, quelques éléments de théorie

コンポジションを制作する前に知っておきたいこと

フレンチスタイルのコンポジションには、際立ったデザインの特徴がいくつかあります。まず最初に、そのポイントをおさえておきましょう。

デザインにおける定義

「パラレル」と呼ばれる、アレンジに近いデザイン。

自然な姿に見えるように バランスと見栄えを良く仕上げる

　私が日本で習い、教えていたフラワーアレンジメントは、まず「ラウンド」や「トライアングル」といった「形」ありきで、その形を作るために花を用いていました。しかし、パリで学んだコンポジションは「花の姿」を生かし、庭や野原で咲いている姿を表現するものでした。パリで行うレッスンには、プロのフローリストや、教室主宰の先生に参加して頂いていますが、「形」優先のアレンジメントを作り慣れているため、「まったくの別物として、まっさらな気持ちでトライしてください」とアドバイスしています。

　このデザインのコンポジションを制作するには、まずできるだけ多く自然の景色に触れることをおすすめします。都会でも、街路樹の葉の重なりや裸木の曲線、また花壇やアスファルトの裂け目に生えている雑草からもインスピレーションを得られます。それが自分のデザイン構成の土台となっていくでしょう。

A. 四方見でどこから見ても美しい景色を作る

　このコンポジションには、「裏側」というものはありません。前後はもちろん、横から見ても斜めから見ても、それぞれ美しい風景が見えるように作る「全方向のアレンジメント」です。器を回しながら挿していくと作りやすく、バランス良くできます。

B. 左右非対称であること

「自然」の一部を切り取り、「凝縮」して「再現」するデザインなので、私が以前、日本で習っていたような左右対称型にはなりません。自然の風景をイメージし、左右の高さを変えながらも、全体のバランスを損なうことなくまとめます。

C. 中央を低くして風通しを良くする

よく見る中央が高い三角形のアレンジメントとは異なり、このコンポジションでは中心を低くして、風が吹き抜けるような「道」を表現します。中央に挿す花材は、思い切って短くするのがポイントです。それによりメリハリが生まれ、吸水性スポンジもカバーすることができます。

D. 何より「先端」の美しさを意識する

植物の「先端」を美しく見せるように花材を選ぶのが大事です。特に、高い位置に茎を長く使う花材は、ほっそりしてニュアンスのある曲線を持つものを選びましょう。ナチュラルな作風の中にも、エレガントでシックなパリの空気が感じられる作品に仕上がります。

E. 基本は「2本1組」

1本ずつバラバラに使わず、2本1組にすることで、より一層のインパクトとリズム感、また高低差による立体感も表現できます。その際、注意したいのが「細い方を長く、高い位置に使うこと」。先端はほっそりしている方が美しく、ボリュームのある花材は下方に使うと安定感が出ます。

F. 器の縁周りの花材も垂直に挿す

器の縁ぎりぎりの部分には、つい斜めに挿してしまいがちですが、立ち上がっているよう垂直に挿します。斜めに挿すと、クラシックなデザインになってしまいます。吸水性スポンジが見えなくなるまで、高さや向き、花材を変えてバリエーション豊かに表現しましょう。

G. ほしいのは「透け感」

吸水性スポンジが見えないようカバーするのは大前提ですが、それぞれの花材の間には空間があり、すっきりとした印象になるよう気をつけましょう。不要な葉をつけたまま挿すと暑苦しく、冴えないアレンジになります。「木漏れ日が地面に葉の影を落とす」といったイメージで。

H. 吸水性スポンジのセットが重要

自然の姿を映し出すデザインを作るために大切なのが、吸水性スポンジのセットの仕方です。器の縁までぴったりと入れ、器と同じ高さにセットすることで、すべての草花が大地から生えているように挿すことができます。第6章に詳細を記しています。

コンポジションのスタイル

「コンポジション」とは「編成、組み合わせたもの、アレンジメント」のこと。

コンポジションと、コンポジション・スペシャルの違い

　私たちが「フラワーアレンジメント」と呼ぶ、バスケットなどに吸水性スポンジをセットし、さまざまな花を挿したものを、フランスでは「コンポジション」と呼びます。または「ピケ」と呼ぶ人もいます。

　「コンポジション・スペシャル」は、葉や羽根などで器まで装飾する特殊なアレンジメントのこと。レッスンで必要に迫られ、私が命名したものです。

COMPOSITION

A. コンポジション

「ブーケ」に属するが資材を取り入れて構成されたデザイン

　広い意味では、花を集めた「ブーケ」の1種類に属します。資材を使わずに花を束ねた「ブーケ」に対し、バスケットや木箱、または長方形やリング型に成形された吸水性スポンジに花を挿して構成されたものを、フランスでは「コンポジション」と呼びます。

LE STYLE DE COMPOSITION

COMPOSITION SPÉCIALE

B. コンポジション・スペシャル

器を装飾して一体化させ、豪華さを演出
目にしたことがないデザインに驚嘆される

　器まで葉や枝で装飾し、中の花と一体化させたオブジェです。私自身、テーブル花や個展のお祝いにプレゼントする機会が多いのですが、見たことがないデザインに驚きと注目、感動が集まります。器の中はブーケだけでなく、吸水性スポンジをセットして花を挿すこともあります。

コンポジションに必須の最重要アイテム

制作に不可欠なアイテムと、基本を学ぶ際におすすめの道具や器、資材類です。

**花器はカントリー調に傾きすぎないもので
メタル素材などとの組み合わせも新鮮**

　コンポジション制作に不可欠なのは、迅速で美しく吸水性スポンジをセットするための道具と器。パリでは刃渡りの長いナイフは使わず、フローリストナイフで、トレーも使わずに手早く済ませます。器は水漏れしないものなら、セロファンは不要です。「これがなくてはできない」というものではないので、臨機応変に使いやすい器や道具、資材を選びましょう。

LA BASE MATÉRIELLE

OUTIL 1. 土台を作るための道具

美しい作品に仕上げるためのベース作り

　最低限揃えたい道具は、吸水性スポンジとカット用ナイフ、セロファン。器の上げ底用の新聞紙は、包装紙や薄手のダンボール、気泡緩衝材などでも代用可能です。

A. 吸水性スポンジ
バケツ容器内で十分に水を吸わせ、器にセットして使用する。アレンジ後は毎日の補水が必要。

B. バケツ容器
吸水性スポンジの吸水に使用。できるだけ深めのタイプを選ぶようにする。

C. カット用ナイフ
刃渡りが長いため、吸水性スポンジを真っすぐ美しく切ることができる。

D. カッティングボード
吸水性スポンジを切るために使用。目盛り入りなので、真っすぐ切りやすい。

E. トレー
水を含んだ吸水性スポンジによって、テーブルが濡れないようトレーを使用して。

F. セロファン
吸水性スポンジのセットをする前に、器に敷いて水漏れを防ぐ。特に、木製や籐製の器に有効。

G. 新聞紙など
吸水性スポンジを入れる前に、器の1/3程度の高さまで入れて上げ底をする。

Les outils importants et essentiels pour la composition

104 CHAPITRE 5

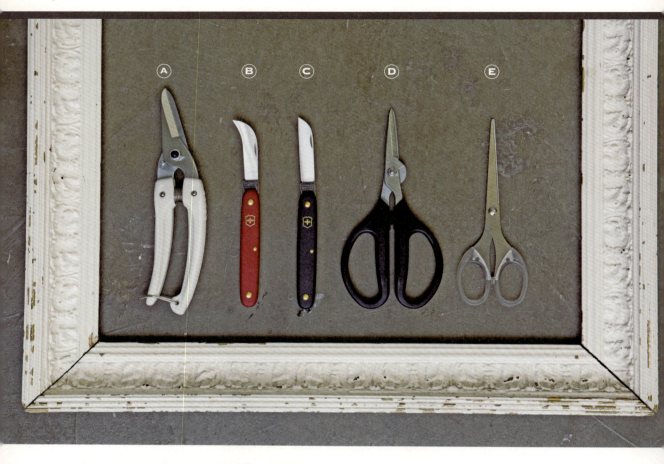

| OUTIL 2. カットするハサミ類 | CISEAUX ET COUTEAUX POUR LA TAILLE |

目的に合わせたハサミとナイフを選べるように

　フローラルナイフで茎や枝を切る利点は、切り口が鋭く斜めになるため、吸水性スポンジに挿しやすくなることにあります。茎の導管を潰さないので吸水性がアップし、花のもちも良くなります。

A. 花用バサミ
枝、ワイヤー、セロファン、リボンまで切れる万能タイプ。1本目のハサミとしておすすめ。

D. 剪定バサミ
太くて堅い枝物を切るためには、剪定バサミがあると便利。

B.C. フローリストナイフ
下葉の処理、バラのトゲ取りなど、プロには欠かせない。パリのフローリストたちは、安価なものを使い捨て感覚で使用。

E. 普通のハサミ
ラッピングペーパーやリボンなどを切る際に。器からはみ出たセロファンをカットするときにも重宝。

LES OUTILS IMPORTANTS ET ESSENTIELS POUR LA COMPOSITION

OUTIL 3. 花器とするもの
DES PANIERS, DES BOÎTES, DES VASES…,

フランス語で
「パニエ(Panier)」とは
「かご」のこと

　私がパリで学んだコンポジションは、楕円のかごを使っていました。以来、レッスンや一時帰国の講習会で使用しています。そのせいか、日本でもこの形が浸透してきたようです。

A. 自然素材の取っ手付きパニエ類

1. パニエ

フランスでは、ワイン用のブドウ収穫に使われる形。インテリア小物にも使用できるグッドデザイン。

2. 四角のパニエ

吸水性スポンジのセットが早く、楽にできるタイプ。深い場合は、段ボールなどで上げ底を。

3. 両取っ手のパニエ

ブリキとつるのコンビは、シャンペトルシャビーの鉄板スタイル。取っ手が低いデザインはテーブルセンターにも。

Au naturel

B. 自然素材の花器

1. 植物のつるで編んだかご　素朴ながら、質感とコロンとした形に存在感がある。カジュアルフラワーにも合わせやすい。

2. 木製のボックス　予算に応じて使い分けられる3個セットのもの。ストックしやすい入れ子タイプ。

3. 樹の皮を貼った横長の箱　奥行きがない場所にも飾りやすい。ペイントによってカントリー過ぎず、使いやすい。

LES OUTILS IMPORTANTS
ET ESSENTIELS POUR LA COMPOSITION

LE MÉTAL

C. ブリキのボックス類

1. 長方形のボックス

シャンペトルな花材をメタルの花器と組み合わせると、モダンで新鮮なイメージになる。

2. 大小セットのボックス

キューブ単体でも受皿部分だけでも、アレンジに使えるおすすめの多用花器。

コンポジション・スペシャルに必須のアイテム

器を葉や枝で装飾する「コンポジション・スペシャル」に必要なものを把握します。

素材や大きさを問わず、「寸胴」の器を選ぶこと

使用する器は、ブリキや陶器、プラスチックでもよく、円柱や角柱でも可能で、高さも大きさも自由にアレンジが利くデザインを使用します。ただひとつ気をつけたいのが「寸胴」の器を選ぶこと。逆円錐型のように器の口と底の大きさが違うと、巻きつけた素材がずり落ちてしまいます。

OUTIL 1. 高さがある器類　GRANDS VASES

長くてボリュームのある枝物がおすすめ

ユーカリやヒバ、モミなど、丈が長くボリュームのある枝だと器をカバーしやすく、作業もスピーディにできます。なければ、シロシマウチワの個性的な観葉植物の葉を巻いたり、ゲイラックスを両面テープでウロコ状に貼るなどしても良いでしょう。

LES CONTENANTS NÉCESSAIRES ASSOCIÉS AUX COMPOSITIONS SPÉCIALES

MOYEN MODÉLE

A. プラスチック製の容器

1. 角柱タイプ 円柱のように転がらず、各面でそれぞれ作業ができるので、作りやすくおすすめ。

2. 円柱タイプ 安価なプラスチックは、器ごとプレゼントする場合に最適。

3. プラスチック桶 大作には、プラスチックバケツが便利。縁の折り返し部分はカットして寸胴に。

B. ガラス製の花器類

1. 円柱タイプ 入手しやすい形。ガラス製は重みがあるので風のある野外装飾にも好適。

2. 立方体タイプ 均一ショップなどで安価に入手でき、さまざまなコンポジションに使える。

3. コップなどの食器類 家にあるものを利用して、ちょっとしたプレゼントとするときに。

Matériaux divers
Outil 2. さまざまな資材

葉の代わりに、樹皮や羽根で花器をカバー

日本では葉物が高価なので、花器をカバーするのに充分な量が使えないときは、別のアイテムで工夫をします。下記に挙げた資材の他、楽譜や古書、アンティークリボンなどを使うと雰囲気がアップして素敵です。

A. 樹の皮
パリ郊外にある「ランジス花市場」で購入。巻くだけで、一気にオリジナリティがアップ。

B. ビニールテープ
コンポジション・スペシャルで、器に花材を巻き付ける際に使用。

C. 羽根
白い羽根は、ブライダルのテーブル花に使えるアイテム。ホロホロ鳥の羽根も人気。

D. 細リボン
キューブ花器に巻き付けて花留めに。豊富な色から花色、テーマ、季節に沿ったものを選んで。

E. 太リボン類
アースカラーは万能。夏は麻ひも、冬は毛糸で雰囲気を出して。ラフィアで代用することも多い。

LES CONTENANTS NÉCESSAIRES ASSOCIÉS AUX COMPOSITIONS SPÉCIALES III

Episode
#01

独自のセンスを生み出す「花合わせ」

花の種類や色数が少なくとも、独特の高低差による立体感や透け感で新しい印象と洗練されたスタイルを編み出すことができます。

花合わせが良ければ
テクニック不足はカバー可能

　パリの花は、フラワーショップでもマルシェ（朝市）でも、基本的に10本1束で販売されています。そのため、1つのコンポジションやブーケの中に、例えばバラ3本、ガーベラ2本、フリージア2本、トルコキキョウ1本、というように、さまざまな花や色がミックスされるということはあまりありません。私が研修したフラワーショップでも、現在レッスンを行っている『ローズバッド・フローリスト』でも、花を作るときは、まずメインとなる季節の花を1束選び、形状の異なる花や野趣に富んだ草や穂を1束、そして葉物や枝物を加えるといった、シンプルな組み合わせが主体です。たくさんの種類を混ぜると一見、豪華です。顧客やレッスンの生徒さんの受けがいいから、とあれこれ混ぜたくなるのもわかりますが、パリのエッセンスを効かせるコンポジションでは、意識して花材の種類を絞り、それぞれの本数をできれば10本、予算の都合で無理ならば8本、または6本というように、偶数で揃えてください。本書で紹介しているデザインも、花は2本1組で使っており、増減する場合も偶数になるからです。簡単に見えるシンプルな組み合わせほど、ごまかしがきかず、実は難しいもの。作り手に「これが美しいんだ」という確固たる信念がないとできない潔い組み合わせです。花の種類や色数が少なくとも、独特の高低差による立体感や透け感で、ハッとするアレンジメントができます。これは感性と主観になりますが、どんなにテクニックが優れていても、花合わせが良くなければ、素敵な作品にはなりません。逆にそれほどテクニックがなくても、花合わせが素敵であれば、もうすでにときめく作品の完成が見えてきます。私がレッスンで「花合わせで8割決まる」と話しているのは、そのためです。

上：使用花材も色合わせも極シンプルだが、パリの洗練さと上品さを表現。モダンな器とリボン使いが目を惹くコンポジション。
下：「オレンジ×フューシャピンク」のバリエーション。ピンクを薄くすると、華やかでありながら優しい印象に。

CHAPITRE 6

美しい造形に不可欠な徹底したベース作り

Les bases essentielles pour une belle modélisation

美しく完璧なベースの作り方を体得すること

風景を再現するデザインに不可欠なセッティング法です。

ポイントは「端(はじ)」と「深さ」

　パリで学んだコンポジションは、挿し方はもちろん吸水性スポンジのセットも大きく異なり、初めて見たときは目を丸くしました。しかし、このセッティングのおかげで、すべての花材が大地から生え上がっているように挿すことができるのです。この章では、無駄なく、手早く、美しく、確実にセットできるように解説しています。

　まず大切なのは、吸水性スポンジを端まできっちり入れること。器の縁近くに花材を挿すことが多いので、崩れないようになるべく大きな塊で埋めます。小さな塊だと、何本か挿しているうちにボロボロになるからです。楕円のパニエなどは器の形に合わせてカットします。そして、「深さ」。吸水性スポンジが浅いと茎が突き抜け、水を吸えなくなってしまいます。花材をきちんと固定し、水分補給ができるよう、スポンジは最低2cmの厚みが必要です。

CONNAÎTRE LA MOUSSE FLORALE

吸水性スポンジの基礎知識

花材を挿すために欠かせない吸水性スポンジ。花材の保持力と高い吸水機能を備えています。

コンポジションには一般的なフェノール樹脂製を使用

　吸水性スポンジは、フェノール樹脂製とウレタン樹脂製があります。どちらも生花に使用できますが、この本では一般的なフェノール樹脂製を使用。微細なセル構造になっており、高い吸水機能を持っています。ウレタン樹脂製は、フェノール樹脂製よりもやや硬く吸水に時間がかかり、ドライフラワーやプリザーブドフラワー用にも用いられます。

PRENDRE LES BONS RÉFLEXES

吸水性スポンジの扱い方と留意点

A. 小さく
カットしない

カットしすぎると水が蒸発しやすくなる。必要以上に細かく切らず、吸水性スポンジ同士の隙間も空けないようにする。

B. 強く持ったり
しない

吸水性スポンジを構成する粒子は非常に細かく、指で押すと潰れて粒子が固まってしまい、花材を挿せなくなる。

C. 無駄を出さずに
カットする

器の形に合わせてカットするときは、できるだけ廃棄分が出ないように、カットする位置、角度などに工夫する必要がある。

D. 一度吸水させたら
使うまで水中に

吸水性スポンジは一度乾くと、再利用できないため、使用時まで水に浸けておく。長期間置く場合は、水が濁らないよう注意。

FAIRE BIEN ABSORBER L'EAU

上手に吸水させるやり方のポイント

吸水させるためのバケツは、口が広く、
なるべく高さのあるものを選びます。

水に浮かべたら、ひたすら放置
自然に吸水させるのがポイント

　吸水性スポンジに十分吸水させるには、1ブロックにつき、2リットル程度の水が必要です。水を張ったバケツに吸水性スポンジをそっと浮かべます。浮いている時点では、まだ内部に気泡が残っていますが、触ったり、水をかけたり、無理に沈ませたりせず、自然に吸水して沈むまで放置します。水が足らず途中で吸水が終わってしまったら、すぐに水を足します。時間が経ってしまうと、その部分は吸水しなくなるため、水はたっぷりと使用しましょう。

ÉTAPE 1.

水がたっぷり入る容器に
水を入れる

口が広めで深さのあるバケツに、
こぼれない程度に水を入れる。

Connaître la mousse florale

ÉTAPE 2.

吸水性スポンジを上から
そっと置いて浮かべる

吸水性スポンジの表面と水面が平行になる向きで持ち、水面に置く。

ÉTAPE 3.

浮かべたら一切
触らないようにする

水に入れた吸水性スポンジは、
無理に押し込まずに自然に吸水させる。

ÉTAPE 4.

吸水させてから
5分の状態

吸水性スポンジが徐々に
吸水し、水中に沈み始める。

ÉTAPE 5.

奥まで完全に吸水させる
ため沈むまで待つ

吸水性スポンジ全体が
水中に沈んだら、吸水終了。

ÉTAPE 6.

完全に吸水させたら
作業に進む

トレーの上に置いてカットする。
側面を上にして置くと、水が漏れ
やすいので注意。

LES BASES DU RÉGLAGE

ベースの基本セッティング術

吸水性スポンジに完全に吸水させたら、花器の形に合わせて切り、セットします。

**吸水性スポンジに
ダメージを与えずに
固定することがポイント**

　ベース作りで大切なのは、吸水性スポンジを器の中にしっかりと固定させること。吸水性スポンジは花器と同じ大きさに切り、セットする際は、吸水性スポンジの粒子が潰れないよう、真上から手のひら全体で、体重をかけて押し入れます。パニエのような深さがある花器の場合は、吸水性スポンジを必要な厚さに切ります。

SÉLECTIONNER LES COMPOSANTS

A. 作業前の準備

　パリではとてもスタンンダードな、自然素材の取っ手付きパニエに、吸水性スポンジをセットしてみましょう。吸水性スポンジを水に浸して十分に吸水させたら、トレーの上にセットします。

EXPLOITER UNE FORME OVALE

B. セッティングのプロセス

1

パニエの器部分の3分の1程度の高さまで、新聞紙や包装紙を詰め入れて、上げ底をする。

2

水に浸して置いた吸水性スポンジをトレーの上にセットし、パニエの内側の幅に合わせてカットする。

Les bases du réglage

3

2の吸水性スポンジのカットした面を下にして立てる。パニエの上げ底した分をカットし、厚みを減らす。

4

カットし終えたところ。左側の大きな吸水性スポンジAは、パニエ中央に入れ、右のBとCは、四方の空間を埋めるために使用する。

5

吸水性スポンジに吸わせた水が浸み出さないよう、パニエの中にセロファンを入れる。

6

大きくカットした吸水性スポンジAをパニエに入れる。指先で押し込むと、押された部分が潰れてしまうため、必ず手のひら全体で押し入れる。

7

パニエ全体に吸水性スポンジを詰めるために、残りの吸水性スポンジをカットする。B、Cをそれぞれ2等分する。

8

7で二等分したBは、Aと同じ高さに切り、パニエの短辺の形に合わせて角を落とす。

両端のカットを終えたところ。残ったもうひとつのBも、同じ形にカットする。

9の吸水性スポンジを、パニエの短辺の隙間に差し込む。

吸水性スポンジの表面を潰さないように気をつけながら、中央のAと同じ高さになるまで、手のひら全体で押し入れる。右端も同様に詰める。

長辺部分の隙間を埋めるための、Cの形を整える。AやBの高さに合わせてカットする。

パニエ長辺の隙間の形に合わせて、Cの角を落とす。隙間がなくなるにつれ、差し込みにくくなるため、高さや形を調整しながら切る。

Cの両方の角を落としたところ。

LES BASES DU RÉGLAGE

15

二等分して角を落とした吸水性スポンジCをパニエに入れる。同様に、もうひとつのCも隙間に合わせてカットして入れる。

16

すべての隙間に吸水性スポンジを詰め終えたところ。

17

パニエの上辺からはみ出したセロファンをカットする。

完成

変形した花器でのベースの作り方

ポイントは花器の形に合わせ大きなブロックを敷き詰めること
吸水性スポンジの細切れに注意

　どんな形の花器であっても、吸水性スポンジのセッティング方法のポイントは同じです。吸水性スポンジのブロックは、なるべく細切れにせずに大きなブロックを使い、花器にしっかり敷き詰めて、固定することが大切です。

S'ADAPTER AUX FORMES ANGULEUSES

A. 花器の準備

正方形の花器でさらにレベルアップ

　ここ数年、日本でも取っ手付きのパニエが使われるようになりましたが、一般的には丸型や楕円形の花器が主流。ここで紹介する角型の花器は、コンポジションではよく使われますので、挿し方を覚えましょう。

B. ベースのセットプロセス

1

カット用ナイフの目盛りを使い、ボックスの内寸を測る。

2

内寸と同じ長さを測り、カットする位置に印を付けておく。

3

カット用ナイフを使い、2で測った位置で、吸水性スポンジをカットする。

4

ボックスの形に合わせ、下部分が細い形になるよう、斜めにカットする。

5

左右二面と、手前の面を斜めに切り落とす。

6

花器にセロファンを敷き、5を入れる。吸水性スポンジが花器からはみ出した場合は、底面側をカットして高さを調整する。

S'ADAPTER AUX FORMES ANGULEUSES

7

残りの吸水性スポンジだけでは、すべての隙間を埋められないため、カッターで器の高さを測り、必要な分だけ新たな吸水性スポンジをカットし、水に浸す。

8

残りの吸水性スポンジと、新たにカットした吸水性スポンジを、隙間の形に合わせてカットする。

9

残りの隙間を埋めるための吸水性スポンジをカットし終えたところ。

10

9の吸水性スポンジを隙間に押し込み、パニエの上辺からはみ出したセロファンをカットする。

C. セットする際の注意点

**真っすぐにカットして
吸水性スポンジ同士を密着**

　花材を挿しやすく、また長持ちさせるには、吸水性スポンジを切る際に、断面がたつかないよう真っすぐに切り、吸水性スポンジ同士を密着させます。密着させることで吸水性が保たれます。

CHAPITRE 7

コンポジションの基礎から応用、制作テクニックを学ぶ

Passer de la base à la pratique, maîtriser la composition

Passer de la base à la pratique, maîtriser la composition

コンポジションの基礎から応用まで テクニックをマスターする

フレンチスタイルのコンポジションに欠かせないセオリーを解説します。挿し方のポイントをよく理解し、自分なりのスタイルを導き出しましょう。

「花材を2本1組で使うのはなぜか?」 存在感、立体感、安定感を表現する

シャンペトルスタイルで好んで使う草花は、グラミネ（穂）など、1本だけでは充分な存在感を発揮することが難しい場合が多いため、2本1組にして使用します。2本組みにすることで、1本ずつバラバラに挿すより、一層インパクトが強まります。

また、2本使って高低差をつけることで、コンポジションに大切な「立体感」を与えることができます。このとき、気をつけたいのが「花の大きさ」。蕾など小さい花を高く、開いている大きな花を低く使います。先端は細い方が美しく、重量感のある花は下方にあった方がバランスが良いからです。2本の高低差は「花首ひとつ分」。離しすぎず、くっつけすぎず、ちょうど良いところに花が納まる高さと向きを探してください。

Points clés

> 基礎をマスターする、組み立てのテクニカルポイント

A. 「2本1組」の鉄則

繊細な草花を使うことが多いので、2本1組にして存在感を増し、高低差をつけることで作品に立体感を出します。ここが他のアレンジメントと大きく異なるため、よく覚えておくようにしましょう。また、ボリュームの小さい花を高く、大きい方は低く使うテクニックも必須です。

B. 垂直に挿すということ

大地から立ち上がる姿をイメージして、垂直に挿すことがポイントです。ただし、曲がっている花材は茎を真っすぐに挿すと、先端が大幅に曲がってしまうので、先端の位置と挿す部分を結んだ線が吸水性スポンジに対して垂直になるよう角度をつけ、そのまま斜めに挿すと良いでしょう。

POINTS CLÉS

C. 「不揃い」である美しさ

　自然界にある木や草花はそれぞれの形を持ち、規格品のように揃った姿ではありません。規則正しく、形を揃えて作った方が安心感があるかもしれませんが、あえて「はずしのテクニック」を使い、不揃いの中にある美しさを表現するのが、洗練されたパリらしいスタイルです。

E. 花材のフォルムを最大限に生かす

　ドイツの花の展覧会を見に行ったときに感じたのは、フランスは花材の姿そのものを生かしたブーケやコンポジションを作っているということ。1本1本の美しさを生かすため、どこに挿すかを見極め、花を選べるようになると、制作がぐっと楽しくなります。

G. 高低差のつけ方

　2本1組の高低差のコツは、「花首一つ分の差」。2本の間に茎が見えるのは離れ過ぎ。反対に、高低差が不十分で2本が近付き過ぎていると、茎に余計な力がかかり折れやすくなります。細い花のすぐ下に、大きい花がすっとはまる高さが理想的です。

I. 挿し間違いを防ぐには

　このデザインは、吸水性スポンジの中心より端をよく使うので、何度も挿し直すとスポンジが崩れ、挿したいところに挿せなくなります。特に重い枝や、最初に入れる長い花材は、「一発でぐらつかない位置に挿すことができるよう、気合いを入れてください」とレッスン時にお願いしています。

D. 全方位で非対称であること

　全方位、どこから見ても美しい景色を作るコンポジション。自然の姿は決して対称型ではありませんから、花材の高さがかぶらないように、揃い過ぎないように、工夫と調整をしながら、全体のバランスが取れた作品に仕上げます。器を回しながら作ると良いでしょう。

F. 「空間を埋めていく」テクニック

　コンポジションでは、とりわけ「透け感」を大切にしています。空間や吸水性スポンジの面を、ただ埋めれば良いというわけではありません。林の中を爽やかな風が吹き抜けていくイメージで、余計な葉は取り、風通しの良い空間を作ります。

H. 「リズム感をつけるように挿す」という意味

　複雑な立体感を出すために、それぞれの花が他の花と同じ高さや並びにならないよう、高低差とレイヤー（層）を変え、どれもが重ならないよう挿す位置と高さを探します。ときどき少し離れて見ると、足りない場所や、花材が重なり合ってうるさく感じる部分が分かります。

J. 挿すときは「先端を見る」ことを心がける

　レッスンの際、挿すときに吸水性スポンジ側を見ている方がほとんどですが、見るべきところは「先端」です。この位置、高さ、向きに挿したい、と思う部分に花材の先端を合わせ、視線は先端に合わせたまま、一気に挿すのがポイントです。

Maîtriser ses choix techniques

> コンポジションの基本
> テクニックをマスターする

形を作る、ボリュームを出す、スポンジをカバーする役割を意識して花を選ぶと制作しやすいでしょう。

まずは花材選びが肝心

メインの花と、風に揺れるような姿の副材を各1束（10本）、それに加え、吸水性スポンジをカバーできる花材をイメージして選びます。スポンジカバーには、ヘデラのように葉の大きなグリーンを使うことが多いのですが、アジサイのようなメインの花でカバーする場合もあります。枝物も使い勝手が良くおすすめです。

A. ベーシックなコンポジションの制作メソッド
Approche basique

> ÉTAPE 1. 使用花材の組み合わせについて

メイン花材の茎が真っすぐな場合　必ずしなやかな曲線の副材を選ぶこと

バラは通年、量も種類も豊富で入荷しやすい花材です。茎が真っすぐでしっかりしているものが多く、基本のテクニックをマスターするのに最適。パリでも人気の香りのバラ、「イヴ・ピアジェ」をメインに、チョコレートコスモスで動きを出すようにします。

- バラ（イヴ・ピアジェ）
- チョコレートコスモス
- アロニア
- 紅葉ヒペリカム

両取っ手付きパニエ：
幅17.5cm×奥行き13cm
×高さ7.5cm

吸水性スポンジ

ÉTAPE 2. 実際の組み立てテクニック

細く美しい曲線の花材でまず高さを決める

一番大事なのが、最初に挿す花材選びと位置、向きです。先端がきれいで曲線を描いているものを選び、挿すのは横長の対角、器の縁ぎりぎりの場所に。まず先端を見て向きを決めてから、一気にしっかり挿すと、ぐらぐらしません。

1 紅葉ヒペリカムの枝を切り分ける

紅葉ヒペリカムは、枝分かれしたところで切り分ける。

2 紅葉ヒペリカムを縁に挿す

右奥角に、長めの紅葉ヒペリカムを挿す。枝は内向きにし、外に広げない。

3 紅葉ヒペリカムを対角線上に挿す

対角線上に、2より短い紅葉ヒペリカムを挿す。枝は内向きにし、外に広げない。

4 切り分けた紅葉ヒペリカムを、さらに小さくして中央に挿す

吸水性スポンジを隠すために、枝を短めに切り分ける。

短くした紅葉ヒペリカムの枝は、手が入りやすいうちに中心部分に挿す。

5 小さく切り分けた紅葉ヒペリカムを縁に挿していく

右手前に短い枝、左奥に長めの枝を挿す。2や3と高さを変え、バランスを取る。

上部を切り落とした短い枝の切り口を処理する。

パニエの手前の吸水性スポンジが露出している部分に挿して隠す。

6 反対側の状態

パニエを回し、高さや枝の向きなど、全体のバランスをチェックする。

7 バラを挿す

パニエの向きを戻し、左手前に、茎が細く花が小さめのバラを高めに挿す。

紅葉ヒペリカムの枝を挿し終えたところ。

8 さらに、バラをもう1本挿す

7の手前に、花一つ分短く切ったバラを挿す。花は必ず2本1組にして挿す。

9 対角線上にバラを挿す

8の対角線上に2組目のバラを挿す。7と8の中間の高さにする。

10 高さを変え、もう1本のバラを挿す

9の右手前に、9より花一つ分短く切ったバラを挿す。

11 3組目のバラを挿す

パニエを半回転する。形が悪いものや大きい花は短くし、中心に挿す。吸水性スポンジを隠し、奥行き感も出す。

12 中心付近に大きめのバラを挿す

中心付近に、11より花一つ分高めにしたバラを挿す。

13 4組目のバラを挿す

12の右奥に4組目のバラを挿す。12よりも高めに切って、2本挿す。

APPROCHE BASIQUE

NGのやり方

2本目が高すぎて花同士がぶつかっている。また外側に傾けているため、全体のバランスが崩れてしまっている。花材は真っすぐに挿すようにする。

14　5組目のバラを挿す

パニエを半回転し、右手前に2本バラを挿す。

バラを5組10本挿し終えたところ。

どの角度からも美しく見えるか、パニエを回してバランスをチェックする。

15　次の花を挿す

チョコレートコスモスは、花と茎とを切り分け、花を内に向けて右奥に挿す。

16　2本目のチョコレートコスモスを挿す

15の脇に2本目を挿す。15と同様、花を内に向け、やや低めに挿す。

17　対角線上にチョコレートコスモスを挿す

16の対角線上に3本目を挿す。花を内に向け、16よりやや低めに挿す。

18　チョコレートコスモスの茎を切り分ける

切り残した茎に付いている葉に傷みがなければ、切り分けて使用する。茎の分かれ目にハサミを入れる。

根元近くも同様に、茎の分かれ目にハサミを入れて切り分ける。

途中で切った茎が見えないよう、分岐点で切り揃える。

1本の茎を、3本に切り分け終えたところ。

19 中心に短い茎を挿す

18を中心に挿して、吸水性スポンジを隠す。

20 チョコレートコスモスに高低差をつける

17の3本目の脇に4本目、1組目の対角線上に、やや低く5本目を挿す。

21 切り分けた茎も挿す

20の脇に、やや低めに6本目を挿し、短めの茎を中心付近や縁に挿す。

22 吸水性スポンジを隠すように挿す

パニエの縁にも短めの茎を挿し、吸水性スポンジを隠す。

23 茎を挿し、紅葉ヒペリカムとなじませる

ヒペリカムの奥に短めの茎を挿し、馴染ませる。さらに中央手前に、21より低めに、4組目のチョコレートコスモスを挿す。

24 カーブした花の高さを測る

カーブの強いチョコレートコスモスは、その形を生かすように挿す。切る前に挿し位置を決め、高さを測っておく。

25 カーブした花で表情をつける

カーブした茎を測った長さに切り、パニエの手前側に挿して動きを出す。

APPROCHE BASIQUE

26 アロニアを挿す

取っ手近くに、5組目を挿す。一番長いヒペリカムの脇にアロニアを挿す。

27 アロニアを小さく切り分けて挿す

切り分けたアロニアは、分岐点でさらに短く切り分ける。

切り分けたアロニアをパニエの縁に挿し、吸水性スポンジを隠す。

切り分けたアロニアを、パニエの中心部にも挿し、奥行き感を演出する。

吸水性スポンジが見えている部分に、短くカットした残りの茎を挿す。

裏側の縁にも短めのアロニアを挿し、吸水性スポンジを隠す。

パニエを回し、どの角度からも美しく見えるか、バランスをチェックする。

NGのやり方

小さな花であっても外に向けて挿すと、その部分だけが飛び出して目立つため、必ず真っすぐになる向きで挿す。

28 切り分けたアロニアの小枝をすべて挿す

吸水性スポンジが見えている部分に、残りのアロニアを挿す。

Approche basique

29 さらに器の縁に挿す

切り分けて残った短めのチョコレートコスモスの茎もすべて挿し、吸水性スポンジを完全に隠す。

30 全体をチェックして完成

側面

側面

中心部を低くし、風の通り道を作る 中心を高くする従来のアレンジメントと異なり、周りを囲むように花材を挿し、あえて中央は空けておきます。どこから見ても吸水性スポンジが隠れているように注意。

B. さらにレベルアップさせたコンポジション制作メソッド
Approche plus sélective

p. 38に掲載のコンポジション

サクラの花に合わせ、
やわらかな色調で揃える。

> ### ÉTAPE 1.
> ### 使用花材の組み合わせについて

しなやかな花材は枝分かれした枝物で支える

　伸び伸びした枝を使い、大型のコンポジションを作ります。しなやかな花材は外に倒れやすいため、まず自立する向きや角度を探してから吸水性スポンジに挿します。何度も挿し直しをしないよう、「気合いを入れてください」と常に指導しています。

- スイートピー
- マメの花
- ビバーナム・スノーボール
- サクラ
- コデマリ

使用資材

四角のパニエ：
幅31cm×奥行き
19cm×高さ15cm

吸水性スポンジ

ÉTAPE 2. フォルムの良いものを抽出する

美しいカーブを描く
先端が細いものが最適

　先端がほっそりしてラインが美しいものは、長めにしてコンポジションの形を作ります。先端をカットして残った枝の下の部分も、長さを変えて切り分け、下から約2cmの葉を取り除いておきます。

フォルムの
良い枝

枝の付き方のバランスが良く、カーブが美しい枝は、細かく切らずに長めに使い、美しい形を強調させる。

ÉTAPE 3. 花の切り分け方をマスターする

無駄を出さない
効率の良い切り分け方

　フランス人も驚く日本のスイートピーの長さ。花のすぐ上を斜めにカットし、2〜3本に切り分けます。パンジーは、蕾を長く使える位置で剪定。大きな花は低く使うので、短くて良いのです。

スイートピーの場合

切り分けた状態

1　切り分け前の状態

先端に蕾がない花は低めに使う。

2　主軸との分岐点で切り分ける

1本を切り分ける場合は、主軸との分岐点の上にハサミを入れる。

3　余分な茎を切る

長く残った主軸の茎を切り落とす。

138   CHAPITRE 7

パンジーの場合
切り分けた状態

1 切り分け前の状態

大きな花と開きかけの小さな花が付いたパンジーを2つに切り分ける。

2 余分な葉を落とす

3 葉を落とした状態

4 分岐点で切り分ける

挿す際に、邪魔になりそうな大きな葉を取る。

余分な葉を取り終えたところ。

主軸と大きめの花との分岐点に、ハサミを入れる。

ÉTAPE 4. 枝物の切り分け方をマスターする

コデマリの場合
切り分けた状態

切り分けて残った短い枝も賢く使い切るようにする

　長く使える枝を選んだ後、長めの脇枝をすべてカットします。カットしたごく短い枝は、スポンジのカバーや厚みと高低差を出すのに使います。横広がりの形状も役立つのでキープしておきましょう。

APPROCHE PLUS SÉLECTIVE

1 残す枝を見定める

枝分かれし、小枝が茂った状態のコデマリ。

2 余分な枝をカットする

分岐点のポイントで切り、枝に突起が出ないようにする。

3 さらに、脇枝をカットする

枝分かれしている部分が20cm以上あれば、分岐点から切る。

4 小枝をカットする

小枝が込み入っている部分も、分岐点から切る。

5 さらにカットする

残しておくとバランスを崩しそうな、長めの枝があれば切っておく。

6 カットし終えた状態

主軸の形を整え終えたところ。

7 切り落とした枝をカットする

この位置で切り分けると、効率良く2本使える。

8 不要な葉を取り除く

小分けにした枝は、挿す際に邪魔になる下半分の葉をすべて取り除く。

9 下処理が終了

小枝の処理が終了。小枝は吸水性スポンジを隠すのに使用する。

ÉTAPE 5. 実際の組み立てテクニック

1 コデマリを角に挿す

パニエの角に、枝を内向きにし、上部が真っすぐに立つ角度で挿す。

NGのやり方

枝元が真っすぐになる角度で挿すと、先端が倒れすぎてしまう。

「先端」と「挿す位置」が垂直になるように曲がっている花材は斜めに挿す

「真っすぐに挿す」というと、茎を垂直に挿すと思いがちですが、曲がっている花材は先端を見て、すっくと立ち上がっている姿を探し、そのままの角度で挿します。その場合、茎は斜めにスポンジの中に入っています。

2 対角線上に挿す

1の対角線上に、1よりもやや低めに切ったコデマリを挿す。

3 コデマリを中央部に挿す

中央部には、短く切っておいたコデマリの小枝を挿す。

反対側を見たところ

反対側に回し、さらに中央部に短く切ったコデマリを挿す。

4 高低差をつけて挿す

高低差をつけながら、全体的にコデマリを挿す。

5 小さい枝を縁に挿す

パニエを回し、全体のバランスをチェックしながら、横からも美しく見えるように挿す。

真横から見たところ

あらゆる角度から見て、バランスが良いかチェックする。

Approche plus sélective

6 　中心部分にコデマリを挿す

中心部に手が入るうちに、短い小枝を挿し、吸水性スポンジを隠す。

大地から上に向かって生えているようなイメージで挿すことが大切。

カーブが美しく軽やかな印象の枝は、前面に傾けて挿し、動きをつけても良い。

7 　さらにコデマリを加える

8 　コデマリを挿し終えたところ

9 　スイートピーを挿す

パニエを四方に回し、バランスを見ながらさらにコデマリを挿す。

すべてのコデマリを挿し終えたところ。

一番高いコデマリの対角線上に、一番高いスイートピーを挿す。

10 　高低差をつけて挿す

11 　縁にも挿す

12 　花茎を内向きにして挿す

スイートピーを2本1組にして、高低差をつけながら全体に挿す。

パニエの縁にもスイートピーを挿す。縁に挿す花材も垂直に挿す。

縁に挿すスイートピーは、花茎が内側なる向きで挿す。

ÉTAPE 5. 実際の組み立てテクニック

NGのやり方

外側に倒して挿すと、形が崩れ、全体のバランスが悪くなってしまう。

13 上部の中心は空間を保つ

中央部は風を通すようなイメージで低めに挿し、空間を空けておく。

NGのやり方

中心に背の高い花を挿すと形が乱れるため、挿さないようにする。

14 コデマリで吸水性スポンジを隠す

吸水性スポンジが露出しているところに、短いコデマリを挿す。

15 ビバーナムを挿す

コデマリとスイートピーの間をつなぐように、ビバーナム・スノーボールを挿す。

16 ビバーナムを挿し終えたところ

ビバーナム・スノーボールを挿し終えたところ。

17 サクラを加える

サクラを挿し、下垂しやすいコデマリやビバーナム・スノーボールを支える。

18 内側にもサクラを加える

パニエの縁だけでなく内側にもサクラを加え、ボリュームをアップさせる。

横から見たところ

サクラを挿し終え、横から見たところ。パニエを回しバランスをチェックする。

APPROCHE PLUS SÉLECTIVE

NGのやり方

サクラも他の花材同様、外側に傾けると形が崩れるため、広げずに挿す。

---

19 豆の花を挿す

マメの花を、パニエの縁に低めに挿す。

---

20 四方に挿す

パニエを回し、どの角度からでも美しく見えるようにマメの花を全体に挿す。

完成の正面

茎や枝の向き、角度の統一を意識する

すべての花材、枝物は、真っすぐに挿すのが基本。また枝や茎の流れは、内側に統一。1本でも外側に傾けるとバラバラな印象になりますが、流れを統一させれば、高低差があっても、自然を感じさせながら、まとまりのある作品に仕上がるのです。

側面

側面

APPROCHE PLUS SÉLECTIVE

完成の正面

360度、どこから見ても美しい景色を作る

裏面というものがないのがコンポジションの特徴。横から、斜め、上から見ても表情の異なる風景が見えるように。器を回しながら作るのがポイントです。

VARIATION DE COMPOSITION

バリエーションとしての
コンポジション

作品サイズや器の種類など、
さまざまなバリエーションに展開させて
制作できるよう、そのコツをマスターしましょう。

ギフトだけでなく、店舗装花や祝い花に活用できるデザイン

　基本のコンポジションを理解した後は、さらに大型の作品やデザイン性を高めたもの、大小組み合わせて飾れるもの、飾った後ギフトに使えるアイデアを備えたもの、バリエーションとしてさまざまなコンポジションを制作しましょう。

A. ボリュームのある花を組み合わせる
COMBINER DES FLEURS VOLUMINEUSES

ÉTAPE 1. 使用花材の組み合わせについて

「感動」を届けるための重要な花選び

　パリでは、誕生パーティやディナーに招待される当日に花を贈ることが多く、蕾を選んで長持ちさせるより、受け取ったときに一番美しい状態の花を使います。華やかに開いた存在感のある花を使い「感動」を届けるのです。

■ シャクヤク　■ スイートピー
■ リキュウソウ　■ ビバーナム・スノーボール
■ クレマチス　■ ヘデラベリー

使用資材

パニエ：
幅28cm×奥行き18cm×
高さ12cm（持ち手含む高さ24cm）

吸水性スポンジ、
セロファン

147

p. 21に掲載のコンポジション

大きな花と細い葉物の組み合わせを楽しむ

シャクヤクもリキュウソウも、高低差をつけながら挿します。フォルムが細く、茎の形の美しいものを高めに使いましょう。大きな花に線の細い葉物を添え、花の間から緑をのぞかせています。

ÉTAPE 2. 組み立て方のテクニック

立体感を出すために
花と花の間に空間を作る

　花の上や手前に、繊細なグリーンをかぶせて立体感を出します。このとき重要なのは、花と葉の間に空間を作ること。コンポジションに大事な「透け感」につながります。また、真っすぐな花の茎に曲線を重ねてカバーすることも重要です。

1 シャクヤクの挿し方

左奥に細くて花の小さな2本を高めに、対角線上に大きな花を2本低めに挿す。右奥、左手前、中心も2本1組にし、高低差をつけながら、計10本挿す。

4 完成の正面

側面

VARIATION DE COMPOSITION

2 リキュウソウを挿す

リキュウソウは、シャクヤクの花と花の間に挿して馴染ませる。

3 反対側を見たところ

反対側から見たところ。リキュウソウも高低差をつけて挿す。

花材ごとの役割を意識して挿す

ビバーナムは、小さめの花を高めに、大きめの花を低めに挿します。さらにビバーナムとシャクヤクの間をクレマチスとスイートピーでつなぎます。ヘデラベリーは、吸水性スポンジを隠すように低めに挿すと良いでしょう。

側面

裏面

B. 器に合わせ、四角のフォルムに仕上げる
DANS UNE FORME CARRÉE

p.66に掲載のコンポジション

> ### ÉTAPE 1.
> ### 使用花材のセレクトについて

和のイメージの花をスタイリッシュに

　重箱のような四角いブリキ製の花器に、和のイメージが強いツバキをモダンに生けています。ヤシャブシを大胆に使って、グラフィカルに。品の良いバーや料亭のカウンターにも合うデザインです。

- ダリア
- ツバキ
- ヤシャブシ

使用資材

スクエアブリキボックス：
幅16cm×奥行き16cm×高さ4.5cm

吸水性スポンジ

ÉTAPE 2. ツバキの切り分け方について

花材を切り分けるときに共通のテクニック

1本を切り分けるときは、花や枝のすぐ上を斜めにカットすること。こうすることで切り口が目立たず、また斜めに切った先端の枝は、そのまま吸水性スポンジに挿すことができます。

1 枝に対し斜めにハサミを入れる

吸水性スポンジに挿しやすいよう、葉柄の付け根から約1cm下を、斜めに切る。

2 葉のすぐ上で切る

切り分けた下部分は、切り口が目立たないよう、葉柄のすぐ上にハサミを入れる。

3 切り分けた状態

切り分けを終えたところ。下部分は葉のすぐ上で枝を切り、上部分は吸水性スポンジに挿すために枝を1cm残している。

ÉTAPE 3. 四角のフォルムを維持する

丸や楕円のパニエとは違う魅せ方を

モダンでスタイリッシュな印象にしたいので、四角い形を崩さないように気をつけます。全体をこんもりと丸く仕上げてしまうと、シャープな印象の花器を使う意味が半減してしまいます。

1 枝が真っすぐになる向きで挿す

ツバキの葉で吸水性スポンジを覆い隠すように、高低差をつけて挿す。重箱のような四角い形を意識し、短い枝もすべて使う。

2 四角いフォルムを作る

裏から見た様子。四角い形をキープしながら、枝先を外に出して遊ばせている。

3 ダリアを挿す

中央手前と左奥、右奥にダリアを計6本挿す。全体のバランスを見ながら、中央手前はもっとも低く、右奥は高めに挿す。

完成した正面

角度を変えたところ

裏面

ダリアの顔は外に向けず段差をつける

すべての花を表に向けて目立たせるデザインではなく、あえて隠すことによって、独特の陰影と立体感を生み出します。

c. 枝や葉の印象で自然さを演出する
L'IMPRESSION DE NATUREL AVEC DES BRANCHES ET DES FEUILLES

p. 23に掲載のコンポジション

CHAPITRE 7

ÉTAPE 1.
取り入れる材料について

「高さを出す」「花を支える」
などさまざまな目的で枝物を
最大活用

　床にも置ける背の高いコンポジションには枝物が必須です。大輪のダリアやアジサイを引き立て、伸びやかなスケール感を演出してくれます。店舗やギャラリーなどスペース装飾に適しているので、開店祝いや展覧会の贈り花にもおすすめです。

- 秋色アジサイ　■ クリスマスブッシュ
- ダリア　■ 紅葉ユキヤナギ
- アロニア　■ 紅葉ヒペリカム
- シンフォリカルポス原種
- ヤシャブシ

使用資材

四角のパニエ：
幅31cm×奥行き19cm
×高さ15cm

吸水性スポンジ

ÉTAPE 2. 枝で土台を作る

枝で高さや枠組みを作ると
花を入れやすい

　繊細な葉の紅葉ユキヤナギは思い切って長く使い、きれいなラインを強調します。曲線や先端が美しい枝を器の縁に使い、ニュアンスのない形や先端を切ってしまった残りの枝は、短くして中央付近に使ったり、吸水性スポンジのカバーに使います。

1　先に枝物を挿す

右奥に一番高い紅葉ユキヤナギを、対角線上に低めの紅葉ユキヤナギを挿す。中心は短く、周囲は長短の枝を交互に挿す。

ÉTAPE 3.
高低差をつけていく

どの花の高さも重ならないようにチェック

　2本組の小さい方の花を高く、大きな花を低く挿し、高低差をつけることで立体感を出します。すべての花の高さが重ならないように気をつけ、前後左右どこから見てもバランス良く配置するよう、器を回しながら挿すと良いでしょう。

1 アジサイを挿す

花の大きなアジサイは短めに切り、2本1組にし、高低差をつけながら計4本挿す。

2 ダリアを挿す

低く挿したアジサイの脇に長めのダリアを2本、対角線上に低めのダリアを2本挿す。

3 すべてのダリアを挿す

さらに高低差をつけながら、2本1組で計10本のダリアを挿す。

ÉTAPE 4.
より自然に見せるデコレーションのテクニック

左右対称ではなく「くずし」のテクニックを使う

　花の配置は均等にはしません。中央を低くして風が通り抜けるような空間を作ります。よく見る三角形のアレンジメントとは、一線を画すデザインです。花の手前、器の縁ぎりぎりに細い枝を入れることで繊細な層ができ、奥行きが生まれます。

1 枝に絡ませて馴染ませる

シンフォリカルポスは、すでに挿し終えた枝や花に絡ませながら挿して、馴染ませる。

2 短い枝で吸水性スポンジを隠す

縁には短く切った紅葉ユキヤナギと紅葉ヒペリカムを挿し、吸水性スポンジを隠す。

どの角度からも美しく見えるよう、パニエを回しながらチェックする。

156 CHAPITRE 7

完成した正面

側面

裏面

箱庭を作るような
イメージで

パニエの形、幅から大きく外れないよう、花の向きを内側に向けてスッキリとしたデザインを心がけます。

D. セット組みでバリエーション展開させる
DÉVELOPPER LA VARIATION PAR SÉRIE

ÉTAPE 1.
使用花材の組み合わせについて

同じ形の器で大・中・小のコンポジション

　私がおすすめしている色合わせの1つに「オレンジ×フューシャピンク」があります。その色合わせをダリアで制作しましょう。華やかで洗練されたパリの色使いになります。落ち着いた色の葉で2色をつなぎながら、季節感も演出します。パリでは実ものも人気です。

- ダリア3種　　■ 紅葉ヒペリカム
- クリスマスブッシュ　■ アロニア
- シンフォリカルポス原種

使用資材

入れ子タイプ木製ボックス：
大：幅18cm×奥行き18cm×高さ8cm、
中：幅15cm×奥行き15cm×高さ6.5cm、
小：幅12cm×奥行き12cm×高さ5.5cm。

吸水性スポンジ、セロファン

ÉTAPE 2.
外に広げないよう挿していく

いつもの癖が出ないよう意識する

　器の形は広がっていますが、あくまでも花が垂直に生え上っているよう、真っすぐに見えるよう心がけます。外側に向かって斜めに挿さないよう気をつけて。高低差も思っている以上につけると、うまくいきます。

1　シンフォリカルポスで外郭を作る　　NGのやり方

器全体にシンフォリカルポスを真っすぐに挿す。
枝を外に向けると、独特のデザインが崩れる。

p.26、52に掲載のコンポジション

高低差と透け感を
意識して
花の存在を生かす

ダリアの大きな花は、花器の空間を埋めてしまうため、大切な透け感が演出しにくいので、小さな花器の場合は特に、花の使用本数や高低差に注意しましょう。高めに挿すアロニアの枝がダリアにかぶる場合は、花茎に枝を絡ませ、花が隠れないように馴染ませます。

ÉTAPE 3. ダリアの下処理を行う

下処理は
コンポジションでも必須

枝や葉でコンポジションの外郭ができたら、花を入れていきます。葉と枝が重なって潰れたり、ごちゃごちゃしないように、また挿し入れたい部分に花を入れられるように、ダリアの葉は取り除きます。

1　葉をすべて取り除く

ダリアの葉はすべて取り除き、茎だけの状態にしておく。

2　2本1組で挿す

大きな器は同色の花を2本1組にし、計10本使用。高低差をつけて挿す。

ÉTAPE 4.
外側に向けないこと

葉の裏も見せて
グラデーションを作る

日本のアレンジメントは、花を外に向けて広げて挿すタイプが多いのですが、コンポジションは庭や花壇に咲いている姿をイメージし、上に伸びるように挿します。また、自然界ではすべて表向きだけでなく、裏側もあります。そのため、花の後ろ姿や葉の裏側も見せるようにします。

**1　花器から外に
はみ出さない**

クリスマスブッシュは内側に向け、ダリアに沿わせ、花器の延長線内に真っすぐ挿す。

NGのやり方

先端を外側に向けて挿すと、枝が外に広がってしまい、まとまりがなくなってしまう。

ÉTAPE 5.
挿すスペースが
少ない場合

挿し直しなし
一発で決めるつもりで

器の縁に花を挿すことが多いコンポジション。小さな器で何度も挿し直しをすると、吸水性スポンジに穴が開き、花が留まらなくなるので注意しましょう。茎を斜めにカットすると挿すスペースが小さくなり、断面が大きくなるので水揚がりも良くなります。

1　動きのある枝を選ぶ

カーブした枝で動きを演出し、ダリアは器ぎりぎりの高さにして2本1組で挿す。

2　枝物を内向きに挿す

手前の右角に入れる大きな枝も、枝先が内側になる向きで垂直に挿す。

大サイズ

3つ
組み合わせた
状態

中サイズ

小サイズ

COMPOSITION SANS MOUSSE FLORALE

> 吸水性スポンジを
> 使用しないコンポジション

環境に配慮すべきときや
時間がかけられないときなど、
柔軟な発想で制作するよう意識しましょう。

エコロジーと時短に対応するデザイン

　自然環境保護の気運とともに、土に還らない吸水性スポンジの使用を控える傾向が見られます。また、吸水性スポンジのセッティングに時間がかけられないときなど、球根を使うと、簡単で独自性が高いコンポジションを作ることができます。

A. 球根を使用したコンポジション

COMPOSITION AVEC DES BULBES

> ÉTAPE 1. 使用花材の組み合わせについて

球根と試験管を使って
寄せ植え感覚のコンポジション

　近年、花市場や花店で、変わった種類や小さめな球根の扱いが増えています。長持ちする花材として人気の球根植物を使い、インテリアにマッチするコンポジションを作りましょう。花を入れた試験管を一緒に使うことで、独自性を高めます。

- ヒヤシンス　■ムスカリ
- コケ2種
- スズラン　■ユキヤナギ

使用資材

ブリキ製ボックス：
大：幅22.5cm×
奥行き6cm×高さ6cm、
小：幅17.5cm×
奥行き6cm×高さ6cm

吸水性スポンジ
試験管：3本
ピック：9本

p. 27に掲載のコンポジション

簡単・時短・長持ち 大活躍のコンポジション

花仕事の現場では、短時間に数多く、誰にでも作れる花が必要なときがあります。旬が表現でき、オリジナリティもあり、簡単にできて長持ちもするこのタイプは最適です。

ÉTAPE 2. スズランバージョンの制作テクニック

大切な人の幸運を願うギフトに

フランスは、5月1日にスズランを贈り合います。切り花はすぐにしおれてしまうため、球根のコンポジションをプレゼントするのも良いでしょう。根も面白い造形として見せますが、毒があるので扱いに気をつけます。土に下ろすと、毎年可憐な姿を見せてくれます。

1 スズランを配置する

根つきのスズランをブリキボックスの左端に置く。根は右方向に流す。

2 コケで押さえる

スズランの隣にコケを置いて、スズランを押さえて固定する。

3 同様に行う

コケの隣に、2株目のスズランを置き、隣にコケを置いてスズランを固定する。

4 スズランを加える

コケの隣に3株目のスズランを置き、根は外に出す。

5 ムスカリを加える

3株目のスズランの右手前にムスカリを入れる。

6 さらに加える

1株目のスズランの左脇と、2株目のスズランの前にもムスカリを加える。

反対側から見た図

裏側から見てもバランスが良く、美しいようにチェックする。

7 試験管を縁に挿す

ブリキボックスの右奥の角に、水を入れた試験管を挿す。

COMPOSITION AVEC DES BULBES

8　ユキヤナギを入れる

試験管にユキヤナギを挿す。枝が球根側に流れる向きに挿す。

完成

全体的に、やや左に流れを作って挿している。前面に垂れ下がったムスカリの花が動きを演出する。

ÉTAPE 3.
ヒヤシンスバージョンの制作テクニック

大きな球根は竹串やつまようじで固定する

　水栽培で親しんだヒヤシンスは、比較的入手しやすい球根植物です。大きい球根を固定する、ちょっとしたコツを覚えれば、初心者にも簡単にできるコンポジション。春を楽しみ、暮らしに潤いが生まれるのを感じることができるでしょう。

1　球根にピックを刺す

ヒヤシンスの球根に高さを出すため、ピックを3本刺す。

2　ヒヤシンスを入れる

ブリキボックスにミズゴケを敷き、1のヒヤシンスを入れる。

3　残りのヒヤシンスと試験管を挿す

2、3本目のヒヤシンスを入れる。その間に、水を入れた試験管を2本挿す。

4　ユキヤナギを挿す

試験管に、それぞれ1本ずつユキヤナギを入れる。枝が同じ方向に流れるように。

5　完成

2本のユキヤナギの高さは、揃えずに高低差を出す。

166 CHAPITRE 7

完成した、スズランとヒヤシンスのコンポジション

小物使いで作品の
インパクトを高めて

花だけでなく、球根のかわいらしさも表現します。それぞれに試験管に挿したユキヤナギを加えることで、2つのコンポジションがリンクし、さらに印象的に。遊び心が感じられる作品に仕上がります。

CHAPITRE 8

独創的な「コンポジション・スペシャル」のデザイン術

Techniques de conception pour les compositions spéciales

108 CHAPITRE 8

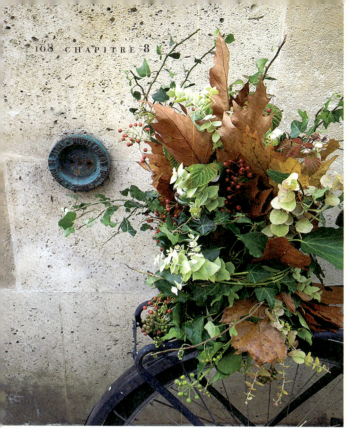

作り方は同じでも、
季節によって多彩な表情に

同じ手法を用いても、使う花と色合わせによって、
まったく印象の異なる作品になるのが楽しいところ。
使用花材の種類が少ないことにも注目してほしい。

左上

使用花材	ユーカリ、ヘデラ、野バラの実、ヘデラベリー、カシワバ
カラー	グリーン×ブラウン

右上

使用花材	スイートピー、シャクヤク、ビバーナム・コンパクタ
カラー	パープル×ホワイト

下

使用花材	コスモス、キャロットフラワーシード、フランボワジェ、
カラー	ピンク×グリーン

葉物をふんだんに使う
パリスタイルを象徴する
コンポジション・スペシャル

パリ郊外の林や森で自生しているヘデラベリー。フランスでは安価で手軽に入手できる。葉が大きいため、花器を装飾するのに便利。

使用花材	アネモネ2種、コケボク、ユーカリ、ヘデラ、ヘデラベリー
カラー	ホワイト×パープル

春の息吹を感じる
コンポジション・スペシャル

花器に巻いた木の皮とリンクするよう、中に入れたブーケに枝を使用している。使ったコケボクはレッスンで大人気。

使用花材　アネモネ、ビバーナム・スノーボール、コケボク
カラー　　ホワイト×グリーン

淡い色合いの大輪ダリアが たおやかさを醸し出す

大人の顔が隠れるほど立派なダリアは、人気のカフェオレという品種。紅葉したカエデとマユミの可憐な実がポイントに。

使用花材	ダリア(カフェオレ)、フウセントウワタ、ユーカリ(笹葉)、マユミ、カエデ
カラー	ボルドー×フレンチベージュ×グリーン

Composition spéciale, l'esprit champêtre

シャンペトルなエスプリで創造する 「コンポジション・スペシャル」

コンポジション・スペシャルは、コンポジションに、より装飾性を加えたタイプです。器を装飾する個性的なデザインは、いかなる場でも注目の的となります。

テーブルを飾る小品から、空間装飾まで対応

　個展のお祝いや展示会の装飾で招かれたときなどに持参すると、必ず「すごい！　どうなってるの？」と驚かれ、会話の糸口にもなる、デザイン性の高い「コンポジション・スペシャル」。ブーケの場合は、贈り先にちょうどいい花器があるか気になりますが、この場合は花器付きのため、そのまま飾れて安心です。ホームパーティーの際もホストの手を煩わせず、置くだけで場所が一気に華やぎ喜ばれます。器の大きさによって、テーブルセンターからウェディング装飾まで幅広く使える便利なデザイン。葉で装飾した器の中にブーケを入れたり、高さが必要なときは、吸水性スポンジをセットして、枝や花を挿すこともできます。

"Combinaison" et "Assemblage", des méthodes techniques à l'infinie

「組み合わせ」と「組み立て」は無限のテクニカルメソッド

A. 器をカバーする花材の量について

　器をすっぽりカバーするには、かなりの量の花材が必要です。そのため、感覚がつかめるまでは、多めに用意すると安心です。器に使用した花材は、中に入れるブーケ、あるいはコンポジションにも使用し、上下をつなげ、一体感が出るようにします。

B. 器をカバーするのに適した花材

　フランスに比べ、日本はヘデラベリーなどの葉物が高価なので、種類や量が豊富に揃う枝物に注目すると良いでしょう。特に、ヒバやモミ、サツマスギなどが扱いやすく、ひと味違ったクリスマスのワークショップやギフトに使えます。

C. 季節と行事に合わせた展開のアイディア

　エバーグリーンでクリスマスのコンポジション・スペシャルを作った後、松を加え、リボンを水引に変えて、中の花を和風にすると「お正月飾り」として楽しめます。バレンタインには赤いバラで、高さを揃えたアレンジにしても。

D. さまざまな素材例

　ゲイラックスやドラセナなどの葉、羽根、樹皮、シートモス（コケ）、アンティークペーパーなど、器を装飾するアイテムはアイデア次第。イベントやテーマカラーに合わせて工夫しましょう。

E. リボンの位置に注意

　枝を巻くとき、テープの位置は上から1/3の高さにします。器の高さの真ん中では、ブーケを入れたときにリボンの位置が低くなり過ぎて、バランスが悪くなります。レッスンを受けた人も忘れやすいポイントですが、大事な点なので、注意するようにしましょう。

F. 上下の一体感を出すコツ

　このデザインは上下がつながって、まるで1つのオブジェに見えるところが最大の特徴です。一体感を出すには、器の装飾に使った葉や枝、羽根を、中に入れるブーケやコンポジションにも使用すること。独創的なオブジェ感が強まります。

Maîtriser les techniques des compositions spéciales

コンポジション・スペシャルの制作テクニックをマスターする

冬枯れの森の中に咲く花たちのよう。

p. 60に掲載のコンポジション

パリスタイルを教えるワークショップや体験レッスンでも人気を博しています。

A. 基本の制作テクニックのメソッド
Base technique commune

ÉTAPE 1.
使用花材の選び方と組み合わせ

グレイッシュなパリの冬をイメージしたコーディネート

　パリのフローリストたちに「冬の花の色は？」と聞くと、決まって「白」という答えが返ってきます。ここでは、雪と鉛色の空、石畳に合うトーンでまとめた、彩度の低いシルバー系の色合わせをポイントにしています。

- アネモネ
- ブルーアイス
- スイートピー
- サゴ
- ダスティミラー（シラス）
- ユーカリ・ポポラスベリー
- ヤシャブシ
- ヒノキ

使用資材

円柱形ガラス花器：
直径15cm×高さ15cm

吸水性スポンジ、ビニールテープ（グリーン）、リボン

BASE TECHNIQUE COMMUNE

ÉTAPE 2. 材料を切り分ける

器の高さを目安にカットし、無駄を出さずに使用する

　器をカバーする枝物は、器の高さを目安にカットすると良いでしょう。カットして短くなった枝も、テープ付近に使うと仕上がりが美しいので、枝分かれしているところから、さまざまな長さで切り分けます。

1　ガラスの器にテープを貼る

花器の上から3分の1の位置にビニールテープを一周分巻きつける。

2　ヒノキのサイズを測る

ヒノキを花器に合わせ高さを測る。ガラス面が隠れ、枝先が上部から約5cmほど出る高さで切る。

3　器と切り分けたヒノキ

切り分けた際に出た小さな枝は、すべて使用するため、捨てずに取っておく。

4　ブルーアイスを切り分ける

ブルーアイスの枝も同様に切り分ける。高さを測り、ガラス面が隠れる高さで切る。

5　枝の形を整える

小枝は、ガラス面や、後に使う吸水性スポンジを隠すのに使用。

6　ヤシャブシを切り分ける

ヤシャブシは、枝分かれ部分で切り分け、枝に突起が出ないよう、分岐点ぎりぎりで切る。

7　切り分けた状態

ヤシャブシの切り分けを終えたところ。

8　サゴを切り分ける

サゴを枝分かれ部分で切り分ける。葉は落とさず、10本程度揃えておく。

ÉTAPE 3. 土台の組み方テクニック

1 ヒノキを花器に固定する

枝を上から約5cm、下から約3cm出して器の上に置く。テープ位置をずらさず、引っ張りながら貼る。

ビニールテープを一周させ、乗せたヒノキが外れないよう、先までテープを伸ばし、しっかり固定する。

きっちり作り込まず裏側も使ってランダムに

先端がきれいなものは長く、広がらないよう内向きに使います。下方向は、後で花器が自立できるよう枝をカットするので、飛び出しすぎないように。先端の柔らかいものを選ぶと、すそが広がってエレガントです。

器の上に、ヒノキの枝を乗せ、ビニールテープを一周させて固定する。

これらの工程を繰り返し、ガラス面をヒノキでカバーする。

ヒノキでガラス面をすべて覆い隠し終え、ベースが完成したところ。

2 ブルーアイスを加える

3 ライスフラワーを加える

4 ヤシャブシを加える

切り分けておいたブルーアイスの小枝を乗せ、ビニールテープで固定する。

サゴは中心に枝元を向かせてまとめ、ブルーアイスの上に乗せ、ビニールテープで固定する。

花器を回し、ヤシャブシの枝をまとめて固定する。枝の向きが内側を向くようにする。

BASE TECHNIQUE COMMUNE

5 テープを巻いていく

花器を回し、サゴの枝元を中央に向かせてまとめ、ビニールテープで固定する。

6 さらに加えて厚みをつける

残ったサゴの枝をまとめ、ヤシャブシの枝が露出するところに乗せ、ビニールテープで固定する。

枝物を固定し終えたらビニールテープを切る。

7 花器の装飾を終えたところ

ヒノキとブルーアイスでガラス面を隠し、ヤシャブシやサゴでアクセントをつけている。

8 リボンで装飾をする

リボンを器に巻きつけて結び、ビニールテープを隠す。

9 吸水性スポンジを挿入する

吸水性スポンジを器のサイズに合わせて切り、器の中に入れる。

| ÉTAPE 4.
| 吸水性スポンジに
| 枝物を挿す

冬の森をイメージして

枝物であらかじめ全体の形を作り、吸水性スポンジが隠れるようにしておくと、花を挿す際、スムーズにできます。最初の長い枝は動かしても倒れないように、しっかりと挿すこと。

1 長い枝物を切り分け、下処理を行う

花器の脇にブルーアイスの枝を立て、花器の中に挿す枝の高さを決める。

ブルーアイスを、決めた高さに切る。切り口が斜めになるように切ると挿しやすい。

吸水性スポンジに挿す際に、邪魔になる小枝を切り落としておく。

挿すための下準備を終えたところ。

2 下処理をした枝を挿す

花器の縁に、ブルーアイスが真っすぐに立って見える角度で挿す。

NGのやり方1

枝元が真っすぐになる角度で挿すと、枝の向きによっては、先端が傾き過ぎてしまう。

NGのやり方2

外に傾け過ぎると、全体のフォルムにまとまりがなくなってしまう。

3 対角線上に挿す

2より短いブルーアイスを、2の対角線上に挿す。葉先が内側になる向きで挿すと良い。

4 小さく切り落とした枝を中央に挿す

短い小枝は、フローラフォームを隠すために使用。斜めにハサミを入れると挿しやすい。

短い枝を中心に挿し吸水性スポンジを隠す。花材を挿し終えた後では挿しにくいため、この時点で挿す。

5 さらに枝を加えていく

どの角度から見ても美しく見えるよう、器を回しながらブルーアイスを挿す。

BASE TECHNIQUE COMMUNE

6	枝物を挿し終えた状態

枝物を挿し終えたところ。ブルーアイスとヒノキの葉色で、グラデーションを表現。

> ÉTAPE 5.
> 吸水性スポンジに花を挿す

全方向から美しく見えるように挿す

　花を斜めに挿さず、上向きにして階段状に2本1組で挿すのがポイントです。花同士がくっつかないよう、高低差を大胆につけながら、垂直に挿すようにしましょう。全方向から見て美しくなるように、花器を回しながらバランス良く作ります。

1	アネモネのガクを取り除く

アネモネの花の下に付いているガクや葉をすべて取り除く。

2	アネモネを挿す

茎の上部が、真っすぐに立ち上がっているように見える向きで挿す。

	NGのやり方

花茎が曲がっている場合、根元を真っすぐにして挿すと、先端が外に傾くため注意。

3	2本目を挿す

2の隣に沿わせるように、花一つ分低くした2本目のアネモネを挿す。

4	対角線上に挿す

3の対角線上に、3よりやや低めに切ったアネモネを、2本挿す。

5	大輪花のバランスの取り方

できるだけ似た形同士を組み合わせ、2本目は1本目よりも花一つ分低めにする。

6 さらにアネモネを加えていく

5を中心付近に挿す。色や形の悪い花は短く切り、中心の目立たない位置に挿す。

アネモネを3組挿し終えたところ。2本1組にすることで、花の存在が強調される。

裏から見たところ。状態の悪い花を中心に低めに挿すと目立たず、奥行き感も演出できる。

7 スイートピーを2本1組にして挿す

8 スイートピーを挿す

9 花器を回し、不足箇所に花を挿す

形の似た2本を組み合わせ、枝物と馴染ませながら、外向きにならない向きで挿す。

先端が太いスイートピーは短く切り、枝物の根元部分を隠すために使用する。

足りない部分に花を加えていく。枝が露出するところは、花で隠す。

10 ダスティーミラーを挿す

挿し終えたところ

11 ブルーアイスで枝を隠す

茎や枝が露出する部分や、リボンの内側にダスティーミラー（シラス）を挿す。

ダスティーミラーは、吸水性スポンジに挿さなくても状態が変わりにくい。下から上に向けて挿しても良い。

ヤシャブシの枝が露出している部分を隠すため、リボンの内側にブルーアイスを挿す。

BASE TECHNIQUE COMMUNE

完成したコンポジション・スペシャル

182　CHAPITRE 8

それぞれ45度ずつ回転させたところ

花器を回しながら挿して
どの角度からも美しく

日本のアレンジメントは床の間を背に、三方見で制作する考え方がありますが、このスタイルは四方見が基本。花器を回して、どの角度から見ても美しく見えるよう、バランス良く仕上げることが重要です。

B. より大型の制作テクニックメソッド
LA COMPOSITION VOLUMINEUSE

ÉTAPE 1.
大量の使用花材の選び方と組み合わせ

p. 9に掲載

花器用花材

- ヘデラベリー
- ブルーブッシュ
- ユーカリ・ポポラスベリー
- ミモザ・アカシア

コンポジション用花材

- バラ（ウェディングドレス）
- ユーカリ・ポポラスベリー
- ローズゼラニウム
- バラ（フェアビアンカ）
- ビバーナム・スノーボール
- ヘデラベリー
- つるバラ

量が多くなった場合も花合わせはすっきりとさせる

作品が大きくなっても、使用する花の種類を多くしないのが、パリのシャンペトルスタイル。また、風に吹かれて揺れるような花材を使うのも特徴です。のびのびした姿のローズ・ド・ジャルダン（庭のバラ）を生かし、片側に流れのある形に仕上げていきましょう。

使用資材

プラスチック製円柱形花器：直径21.5cm×高さ19cm、吸水性スポンジ、ビニールテープ（グリーン）、ラフィア：15本程度

花器に縁がある場合は、花材を花器に巻き付ける際に邪魔になるため、切り取る。

花器用花材

コンポジション用花材

ÉTAPE 2. 土台作り

1 花器を枝物などで覆っていく

花器にミモザをベースに、ユーカリ、ブルーブッシュを乗せて、ビニールテープで固定する。

2 切り分けた小枝も加えていく

短く切った枝も残さずに、テープ付近に使用し、花器を完全に隠す。

吸水性スポンジの重さで風のある野外も設置可

スタンドの落としに使うプラスチック桶を使用します。器は寸胴タイプが理想なので、桶の縁をカットしましょう。より大きな器を活用したときに、できるだけ重量を軽くしたい場合は、吸水性スポンジの下に段ボールなどを入れて上げ底します。

3 きれいな葉で隠す

枝が露出しているところは、葉がきれいな枝物を上にかぶせて隠す。

4 枝をカットする

花器が自立できるよう、器の底から飛び出した硬い枝を切る。

5 ベースが完成したところ

枝物を巻きつけ、固定し終えたらビニールテープを切る。

6 ラフィアを巻き付ける

ラフィアを器に巻きつけて結び、テープを隠す。

ÉTAPE 3. 花材の挿し方

高低差は思い切りメリハリをつける

流れのある花材は、倒れないよう自立できる角度を探し、そのままの角度でしっかりと吸水性スポンジに挿すのがポイント。深く挿せるように、根元から5cmほどネトワイエ（下処理）します。葉が重なって風通しの良くない部分は、間引いて調整します。

LA COMPOSITION VOLUMINEUSE

1　吸水性スポンジを入れ、バラを挿す

1本に数輪の花が付いている際は、2本1組にしなくて良い。自然な枝の流れを生かす。

2　小さい花は長めに挿す

花が小さく、茎の細いものは高めに挿し、繊細さを表現する。

3　つるバラを挿し終えた状態

茎が細いもの、茎の曲がりが面白いものは、長めに使い、メリハリをつけながら挿す。

4　切り落とした際に出た短いローズゼラニウムを挿す

ゼラニウムの葉を短めに切り、吸水性スポンジが露出している部分を隠す。

枝や茎が混んで、吸水性スポンジに挿しにくい場合は、2、3本まとめて挿すと良い。

5　バラは葉を半分以上取ってから挿す

花が隠れたり、葉が重なり濃い印象に見えたりする場合は余分な葉を取り、透け感を出す。

6　バラの向きに合わせてビバーナムを挿す

ビバーナムは全体に散らさずに1カ所に集中させて挿し、自然に生えている雰囲気を演出。

7　完成したコンポジション・スペシャル

すべての花材を挿し終えたところ。花の向きが一方に流れるように挿している。

逆向きにしたもの。庭で咲いているバラを摘んで、そのまま生けたような雰囲気に。

CHAPITRE 9

卓花、
イベント装花の
コンポジション

**L'évenementiel,
composition d'un centre
de table**

セットにまとめてディスプレイ
アイデアで自在に操るコンポジション

テーブル上であっても、動きのある花材を上手に使用したい。
ブリキ製の花器で花の種類と色を厳選し、ラインを生かした
コンポジションは、特に意識しなくても、凛とした佇まいに。

使用花材	クレマチス、ビバーナム・スノーボール
カラー	ホワイト×グリーン

Composition pour "centre de table"

「ソントル・ド・ターブル」としての美しいコンポジション

「ソントル・ド・ターブル」とは、テーブルセンターのこと。
テーブルコーディネートのセンスをも必要とされる場面に対応できます。

「オリジナルでおしゃれ、簡単、時短、低予算」を叶える

　花仕事や日常生活で「難しいテクニックを使わず、低予算で短時間にできてオリジナルで見栄えのいい花があったら……」という場面によく遭遇します。制約が多く、人数が多いイベントなどでも独自性を失わず、個性をアピールすることを叶えてくれるのがキューブを使ったデザインです。簡単にできるため、私自身も大人数のレッスンで制作します。リボンワークを施したキューブを横一列に並べれば、長机や楕円テーブルをカバーでき、ピラミッドのように積み上げると印象的なテーブルセンターになります。テーブルコーディネーターや、パーティー装花を行う必要がある方は必見です。

Apprendre des tables de fête, restaurant 3 étoiles à Paris

パリの三ツ星レストランなどのパーティーテーブルから学ぶ

A. 高さは30cm以内を目安に

　テーブルを飾る花は、向かい合う人の視線の邪魔にならないよう、低めに作るようにします。

C. 卓花は小さいくらいがちょうどいい

　用途ごとに並ぶグラス、カトラリー、キャンドルなどでテーブルの上はいっぱい。できるだけ豪華に、と作った花に「置く場所がない」とクレームがくることもしばしばあるので、サイズ確認を。

B. 香りの強いものや不快なものは避ける

　料理やお茶、スイーツなど、繊細な風味を味わうテーブルで飾る花は、香りに留意します。

D. 同一でなくて良い

　全体のトーンが揃っていれば、本数やボリュームが違っていても気にしないのが、フランスのソントル・ド・ターブルです。画一的な卓花より変化があり、ナチュラルな雰囲気を表現できます。

Faire une charmante composition sur votre table

テーブル上で魅せるコンポジションの制作テクニックをマスターする

人々の記憶に残る、魅力的なソントル・ド・ターブルを制作するための、花材の構成術と挿し方をマスターしましょう。

A. 応用が利くソントル・ド・ターブルの制作メソッド

Méthodes de production "Centre de table", des applications variables...

p.28に掲載のコンポジション

Étape 1. 使用花器について

単品でも組み合わせても使える応用花器

　キューブ入りメタル花器は、キューブを入れたまま花を飾ってテーブルセンターにし、各キューブをゲストへのプレゼントにすることもできます。セットの大きな器にコンポジションを作り、両側にキューブを並べれば、長テーブルにも映える装飾になります。

- スイートピー
- チューリップ（ブルーダイヤモンド）
- スカビオサ2種
- パンジー3種（薄紫、紫、青紫）
- フリチラリア
- ビオラ

使用資材

ブリキ製キューブボックス：
大：
幅16cm×奥行き16cm×高さ4.5cm、
小：
幅7.5cm×奥行き7.5cm×高さ7.5cm

※セットした状態

吸水性スポンジ

ÉTAPE 2. 外郭を挿していく

1 一番高い花材を挿す

右奥に、長めに切った薄紫のパンジーを、茎が内向きになる方向で挿す。

2 対角線上に挿す

1の対角線上に、1より低めに切ったパンジーを、茎が内向きになる方向で挿す。

どこから見ても美しく常に器を回しながら挿す

フランスでは入手できない、茎の長いパンジーやビオラ、スイートピーをふんだんに使い、シックな色合いで構成します。花同士が重ならないよう、向きと高さに留意しながら、立方体のフォルムを作っていきます。

3 短く切ったパンジーを挿す

中央には、短く切ったパンジーを挿す。

4 さまざまな高さのものを加える

高低差をつけながら、右手前や左奥、中央付近にパンジーやビオラを加えていく。

5 チューリップを挿す

右奥に長めのチューリップ1組を、左手前に短い1組を挿す。

6 2本1組にして挿す

同様に、チューリップを2本1組にして、高低差をつけながら、合計10本挿す。

7 短く切ったパンジーを挿す

紫のパンジーは、薄紫より低めに挿す。低いものは、中央に手が入るうちに挿す。

8 内向きにして挿す

花は外に向けず、下や横、内向きにすると、自然でまとまりのある形に仕上がる。

MÉTHODES DE PRODUCTION "CENTRE DE TABLE", DES APPLICATIONS VARIABLES...

NGのやり方

花を外向きに挿すと、立方体の形が崩れ、平凡な印象になってしまう。

9 つながりを見て花色の濃いパンジーを加える

チューリップとパンジーの間を、濃い花色で繋ぐ。内側を埋め、高低差をつけて挿す。

10 中心付近にパンジーを挿す

短めに切った蕾の状態のパンジーを、中央近くに挿す。

11 より低いパンジーを挿す

中心付近は、内部に手が入るうちに短めの花を挿し、吸水性スポンジを隠す。

12 高低差をつけながら挿す

ボックスを回し、バランスを見ながら各色の花を使い、高低差をつけて挿す。

13 フリチラリアを挿す

フリチラリアは花を内に向けて角に挿す。左手前は長めに、右手前は短めにしてメリハリをつけている。

14 フリチラリアで透け感や立体感を出す

左手前に、もう1本フリチラリアを挿す。軽やかな印象のフリチラリアは透け感を演出する。

フリチラリアの花茎の曲がりを生かして外郭に挿すことで、動きが演出できる。

短いパンジーとの高低差ができ、立体感も表現している。

ÉTAPE 3. さらに厚みを加えていく

1 短く切ったフリチラリアを挿す

フリチラリアはすべてを高くせずに、低めの位置にも挿すようにする。

2 2本1組で加える

フリチラリアを2本1組にして、10本挿し終えたところ。

早い段階で中央部分の吸水性スポンジをカバー

花が増えると、内部まで挿しにくくなるため、なるべく早く中央部分に花材を挿し、吸水性スポンジが見えなくなるようにしていくことが重要です。大胆に短くしてカットした花材を加えてメリハリを出すと、美しく仕上がります。

3 スイートピーを挿す

ボックスを回して別の面もチェックし、必要に応じて花をプラスする。

短めに切ったスイートピーはボックスの縁に挿し、吸水性スポンジを隠す。

4 全体にスイートピーを挿す

スイートピーを挿し終えたところ。ボックスを回し、全体をチェックする。

5 スカビオサを挿す

スカビオサは、花ひとつ分の高低差をつけて2本1組で挿す。

6 花の向きや角度を意識する

花首の曲線の美しさを強調するよう意識しながら、外側に広がらない向きで挿す。

7 高低差をつけて挿す

他の位置に挿したスカビオサと、同じ高さにならないよう意識し、高低差をつける。

MÉTHODES DE PRODUCTION "CENTRE DE TABLE", DES APPLICATIONS VARIABLES...

角度を変えて見たところ

ボックスを回し、全体のバランスをチェックしながら、残りの花を挿す。

蕾のスカビオサは、高めに挿して花茎の曲がりを生かす。

8 平面的な部分に高さを加える

全体のバランスを見て、平面的に見えるところに、高さを加えてバランスを取る。

9 完成したコンポジション

完成の角度を変えたところ

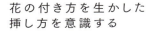

花の付き方を生かした挿し方を意識する

チューリップやスカビオサは2本1組で挿しますが、パンジーは1本に2、3輪の花が付くため、2本組にしなくても構いません。フリチラリアは、しなやかな曲線を生かすように挿すのがポイントです。

196 CHAPITRE 9

完成の正面

B. キューブ花器の扱い方
PETITES IDÉES POUR DES CUBES

> ÉTAPE 1. リボンで花留めにするテクニック

『ホテル・リッツ・パリ』の装花で使用

リボンを巻くひと手間でデザイン性が増し、少ない花でも留めやすい「使える」テクニック。季節やテーマに合わせてリボンの太さ、素材、色を変えればどんなシーンにも活用できます。リボンは均等に配置しても、片側に寄せてインパクトを出しても良いでしょう。

1 キューブ端でリボンを押さえる

キューブの端から1cm程度内側にリボンを掛け、親指で押さえる。先端は、最後に片輪結びができる長さにする。

2 リボン同士の隙間を開けて巻く

ボックスにリボンを巻く。押さえた親指を離さないよう注意し、隙間を開けながら、リボンを3回巻いて元の位置に戻す。

3 キューブの面を90度回す

リボンをキューブの角に引っ掛けて、親指で押さえる。

4 側面の対角線にリボンを回す

キューブを持つ右手首を手前に倒し、側面から見たところ。

5 キューブの面を回してクロスさせる

奥の面の方から、リボンを手前に巻き戻す。

6 さらに2周させる

さらにリボンを回し合計3周させ、リボンを格子状にする。

7 端のところで結ぶ

表に戻したリボンと、巻き始めのリボンを結ぶ。

8 リボンを寄せ集めたデザイン

リボンを片輪結びにする。モダンな印象で、頭が重い花も留めることができる。

9 リボンの間隔を空けたデザイン

中心にではなく、角に花を挿すと粋な印象に。

10 完成

リボンをかけたキューブには、短めに切った花を挿し、大きいボックスにはコンポジションを作ることも可能。

セッティングしたもの

大きなボックスにキューブを納めた状態。ここに花を生けるだけでも良い。

CENTRE DE TABLE, COMPOSITION SPÉCIALE EN CUBE

p.30に掲載

> キューブを活用したコンポジション・スペシャルを
> ソントル・ド・ターブルに

多数並べると空間装飾になり、ゲストへのギフトにもできるので、パーティーやウェディングに最適です。

ÉTAPE 1. 使用する花材と資材について

素材はガラス、メタル、プラスチックでも

ブーケを組み合わせる以外に、吸水性スポンジをセットしてコンポジションにしたり、スズランの鉢や多肉植物を入れるなど、アイデアを駆使しましょう。筒型は転がりやすいため、面ごとに安定するキューブが使いやすいのです。

- ラナンキュラス（フェラン）
- ビバーナム・スノーボール
- 羽根
- ユーカリ・アップル

他の使用資材

スクエアグラス：
幅8.3cm×奥行き8.3cm×高さ8cm

- オーガンジーのリボン　50cm程度。花色に合わせてチョイスする。

ÉTAPE 2. 器をデコレーションする

**子ども、初心者、大人数
低予算のワークショップにも**

幅広の両面テープがあれば、より早く作業できます。器を隠しながら厚みを出すには、器に貼った羽根の上に両面テープを貼り、さらに羽根を重ねていくようにします。羽根の種類と色を変えると、違った雰囲気を楽しむことができます。

1 両面テープを貼りめぐらせる

全面が両面テープで覆われるよう、下辺まで均等に巻く。

2 羽根をつけていく

両面テープに羽根をランダムに貼り付け、ガラス面を完全に覆う。

3 補強しながら貼る

羽根が外れそうな場合は、羽根の裏に両面テープを貼り付ける。

4 底部分に合わせてカットする

全面に貼り付けたら、下辺からはみ出した部分を切る。

5 中心にリボンを巻く

全面に貼り付け終えたら、キューブの上から3分の1辺りにリボンを巻く。

6 リボンを巻き終えた状態

リボンを3周程度巻き付けたら、器の角部分で結び留め、しっかり固定する。

7 ブーケを作り、長さを合わせる

ブーケを作り、キューブの高さに合わせて茎を切り揃え、器の中に入れ、ブーケにも羽根を差し込む。

8 完成したコンポジション・スペシャル

Episode
#02

「パリ式」イベント卓花の特徴

作り手の個性を尊重し、「整いすぎないこと」がポイントのフランス式。

画一的で揃った装花とは異なる魅力を

「フランスでコンポジションはお悔やみの花に使うことが多い」と、文中で解説していますが、郊外で行われる盛大なパーティー装花では、プラスチック花器と吸水性スポンジを使ったコンポジションを用いることがあります。花器を大量に揃えなくて良いため、コストをおさえられ、イベント後に生じるストック場所の問題がありません。また、ガラス花器のように、運送の際に破損する心配もなく、さらには撤収に行かなくて済む、という利点があるからです。

コンサートホールで行われたディナーショーのテーブルを飾る花、最高級ホテルの中庭での誕生パーティー、元農場を改装した会場で泊まりがけで行われるマリアージュ（結婚式）、レストランでのイベントなど、さまざまなシーンを目にしてきましたが、面白いのは「1つとして同じ卓花はない」ということ。日本では、制作するコンポジションの数に合わせて花の本数を決め、均等に分けてすべて同じ花合わせで、形やサイズも揃うように作りますが、フランスでは適当な感じで1つずつ作っていき、花が足りなくなったら同じ色の別の花も追加して制作します。作るフローリストによって、大きさや形がまちまちなこともよくあります。そんないい加減なことでいいのかなと思っていましたが、テーブルに乗せると、トーンが揃っているせいか違和感はなく、むしろ微妙な変化が出て、会場がより生き生きした雰囲気になるのです。このラフさが、画一的で動きのない装花とはひと味違う魅力を与え、作り手も飽きずに楽しく作り続けられます。日本でも、ガーデンパーティーなどから取り入れてはいかがでしょうか。

『ローズバッド・フローリスト』が手がけた結婚式の卓花。作り手によって、装花の大きさはまちまち。

Episode #03

「個性」を生み出す素材選び

フランス・パリ「ランジス花市場」の資材部門は、常に新商品が並び、インスピレーションの宝庫です。

コンセプトは、ぶれることなく常にアップデートをしていくべき

　パリの南郊外にあるランジス市場。花だけではなく、青果、肉、魚、乳製品、ワインなどが揃う巨大な市場です。一般人は取引できませんが、見学に行きたいという日本人観光者が多く、週に1度のツアーを設けて引率しています。今ではアシスタントがガイドをしていますが、私も機会あるごとに花市場に通うようにしています。というのも、資材・雑貨のコーナーは常に新商品が並び、コンポジションに使ってみたいと思わせる花器との出合いがあるからです。研修先で学んだコンポジションは、ワイン用のブドウ摘みに使われる取っ手の短い楕円形のパニエを使うことが多く、パリや日本で行うレッスンでも同じタイプを使用します。しかし、それに捉われることなく、市場で白樺の樹皮を貼ったブリキボックスや、ペンキの剥げたシャビーな木製の横長箱など、ピンときたものを見つけたら、どんどん試していきます。私たちは常に「アップデートしている」ことが大切であり、それが多くの人々を惹きつける魅力につながっていくと思うのです。

上：大きなパニエは、鉢カバーや大型コンポジションに。
中左：以前より大幅に種類が増えたリボン。
中右：味のあるトランクにコンポジションを制作するのもアイデア。
下：まるで蚤の市のような古道具を扱う店もあって楽しい。

上・中・下右：アイアン、ブリキ、ラフィア、藤など、ランジス市場にはさまざまな素材のパニエが揃う。

さまざまな資材を使いこなし
同じ花材で印象を変える

　パリの花材は、とりたてて新種が開発されるわけでもなく、季節とともに毎年同様に移り変わります。フランスのフローリストたちは、季節感をとても大切にしていますが、流行や目新しさには、あまり興味がないようです。

　出回る花は毎年同じでも、そのときに使いたい花、心に響く色が違ってくるから不思議です。

　本書ではブリキや木製の箱、樹皮を巻いたもの、細いつるのかご、ガラスなど、日本でも入手可能な器でコンポジションを展開しています。資材を変えるだけで、デザインを変えることなく新鮮なコンポジションが生まれます。

下左：「ランジスツアー」は毎週木曜催行。
下中：ニュアンスカラーのリネンリボン。
下は、パリのフローリストたちの御用達ペーパーリボン。

Episode #04

ジヴェルニーにある、「モネの庭」。
季節の花が咲く様子や色合わせ
から、インスピレーションを得る。

花仕事と
シャンペトル
スタイル

仕事の幅や可能性を
より広げるためには、表現の
テクニックを向上させられるよう
継続していくことが大切です。

諦めず、新しいものを
うまく提案していけば
意識を変えていくことができる

　レッスンをしていると、「この器に、こんなにたくさんの花が入るのですね!」と、驚かれることがよくあります。花を外側に向けて広げ、大きなアレンジメントを作ることが目的なら、同じ花材でもっと大きなコンポジションを作ることができるでしょう。けれど、私がパリで学び、伝えていきたいシャンペトルスタイルは、「少ない花で大きく見せるアレンジメント」ではありません。花の顔を全部見せず、あえて隠すことによって生じる陰影、立体感、風情といったものを表現するのがコンポジション。花材もたくさん使いますし、完成度の高いものを作るには手間もかかるため、大量生産に向かないことは明らかです。

しかし、それが独創的なスタイルとして、多くの人を魅了しています。フローリストやレッスンプロは、こういうデザインも自分の引き出しにあって、必要なときにすぐさま提案できることが、仕事の幅や可能性をより広げることにつながっていくのではないでしょうか。

研修中、時間のあるときに店の花を自由に使って、作り置きブーケを作ることができました。もちろん店長のチェックをパスしないものは、地下のアトリエに下げられてしまいます。気合いを入れて作った花は、ボリューム的には小さく、とても高価なものでしたが、他店では見ない花合わせやデザインだったことが、目の肥えたパリ6区の住人たちの目に留まったようでした。そうして受け入れられ、作ったブーケはすべて売れていったのです。

「このデザインやプライスでは、顧客に受け入れられないだろう」と諦めてしまうのではなく、「こんなデザインもありますよ」と上手に提案することも、良いサービスの一環です。そうしたアプローチをすることがセンスの良いお客様の目を引き、さらに良いお店や教室として認められていくきっかけになっていくと思うのです。自分自身においても、そうあることを期待し続けています。

花だけでなく、パリのウィンドウディスプレイからも感性に刺激を受ける。「好きなスタイル」を見つけることが大切。

Episode #05

「パリスタイル」を学ぶには

上達のカギは「素直な心」と
謙虚に学び続ける姿勢です。

実践の機会を
持つことが望ましいが
目からのインプットも重要

　パリで習っているカリグラフィーや整体バレエの先生方に聞いても「素直な人が早く伸びる」と言います。光栄なことに、私のレッスンには業界の大先輩や著名な先生方も来てくださり、こちらが恐縮してしまうのですが、「このスタイルは経験がありませんので、よろしくご指導願います」と、実に謙虚な姿勢。こうしてアップデートを続ける先生のもとには、大勢の生徒さんが集まっています。私も常に感性を磨き、新たなことに挑戦していきたいと思っています。

　技術的に上達するには、できるだけ多くの実践が望ましいですが、どんな花を組み合わせているか、目に触れる機会を多くするだけでもセンスアップできます。「パリまでレッスンに行けない」という方々に本書がお役に立てば、こんなに嬉しいことはありません。

上：レッスン会場『ローズバッド・フローリスト』のウィンドウ。ナチュラルで洗練されたスタイルが人気。
下：「パリのフローリスト」とひとくちに言っても、それぞれの店の個性が異なり、興味深い。

斎藤由美 Yumi SAITO

パリ在住フラワーデザイナー／フォトエッセイスト

日本でフラワーアレンジ教室を主宰後、2000年にパリへ花留学。花学校に通いながら、憧れのフラワーアーティストのもとに通い続け、研修生となったのち、最高級ホテル、3つ星レストラン、パリコレの花装飾のほか、著名人へのブーケ制作に携わる。『ホテル・リッツ・パリ』の全館花装飾を担当。現在は、驚異のリピーター率を誇るブーケレッスン、花市場とフラワーショップ案内、花研修ツアーのコーディネート、フランス人のトップフローリストによるレッスンなどをオーガナイズしている。著書に『二度目のパリ』(ダイヤモンド社)、『ブーケシャンペトル・ア・ラ・メゾン』、共著書に『シャンペトルのすべて～パリ・トップフローリストの花』(上記ともにグラフィック社)、他がある。

インスタグラム: yumisaitoparis
ブログ：『パリで花仕事』https://ameblo.jp/yumisaitoparis/
メールアドレス: yumisaitoparis@gmail.com

　日本にいながら、1年をかけて花合わせとパリスタイルのテクニックを『yumisaitoparis ディプロマコース（略してYSPD）』で学ぶことができます。ディプロマコースの講師は、いつも素晴らしい花合わせのブーケを制作し、テクニックはもちろん、人柄も信頼のおける『ラフィネ・レ・フルール』主宰の金山幸恵(Sachie Kanayama)先生。大きな組織でチーフとして活躍し、運営や教育にも長け、パリで長期花留学も経験しており、センスも秀でており、パリスタイルをトータルに習得することができます。

　コース内容は、パリでレッスンを行う、プロコースの3パターン。「ブーケ・ド・マリエ」「ブーケ・シャンペトル」「コンポジション（アレンジメント）」を毎月1回、1年を通して制作します。花には四季があり、季節ごとの花合わせ（これが一番というくらい大事）と、テクニックを身につけるためです。例えば、繊細な草花で作る春のコンポジションと、1本の存在感が大きいアジサイで作る秋のコンポジションでは、作り方のコンセプトは同じでも、作品の大きさや本数、合わせる花やコツが違います。1年を通して学ぶべき理由は、そこにあります。1年間で36作品を制作したディプロマ生には、修了書が授与されます。

　『yumisaitoparisディプロマコース』の詳細な内容や、受講についてのお問い合わせは下記にご連絡ください。

メールアドレス：diplome@raffineelesfleurs.com
詳細ホームページ
http://raffineelesfleurs.com/info.html

装幀・本文デザイン　坂川朱音(朱猫堂)

DTP　田中斐子(朱猫堂)

撮影　斎藤由美、平沢千秋

プロセスページ本文　平沢千秋

翻訳　モワソン久恵

作品花材原稿　向井真由美(Le bosquet)

吸水性スポンジセット指導　金山幸恵(RAFFINEE-les fleurs-)

編集　篠谷晴美

撮影協力　スミザーズオアシスジャパン株式会社
　　　　　Rosebud Fleuristes(フランス・パリ)
　　　　　BROCANTE(東京・自由が丘)

協力　守屋百合香(MAISON LOU paris)、齋藤愛莉

「コンポジション」フレンチスタイル・アレンジメント
2019年5月24日　初版第1刷発行

著　者　斎藤 由美

発行人　三芳 寛要

発行元　株式会社 パイ インターナショナル
　　　　〒170-0005 東京都豊島区南大塚 2-32-4
　　　　tel：03-3944-3981　fax：03-5395-4830
　　　　sales@pie.co.jp

印刷・製本　図書印刷株式会社

本書の収録内容の無断転載・複写・複製などを禁じます。
ご注文、乱丁・落丁本の交換等に関するお問い合わせは、小社までご連絡ください。

© 2019 Yumi SAITO/ PIE International
ISBN 978-4-7562-5014-8　C2077
Printed in Japan